T0198928

essentials liefern aktuelles Wissen in konzentrierter Form. Die Essenz dessen, worauf es als „State-of-the-Art" in der gegenwärtigen Fachdiskussion oder in der Praxis ankommt. *essentials* informieren schnell, unkompliziert und verständlich

- als Einführung in ein aktuelles Thema aus Ihrem Fachgebiet
- als Einstieg in ein für Sie noch unbekanntes Themenfeld
- als Einblick, um zum Thema mitreden zu können

Die Bücher in elektronischer und gedruckter Form bringen das Expertenwissen von Springer-Fachautoren kompakt zur Darstellung. Sie sind besonders für die Nutzung als eBook auf Tablet-PCs, eBook-Readern und Smartphones geeignet. *essentials:* Wissensbausteine aus den Wirtschafts-, Sozial- und Geisteswissenschaften, aus Technik und Naturwissenschaften sowie aus Medizin, Psychologie und Gesundheitsberufen. Von renommierten Autoren aller Springer-Verlagsmarken.

Weitere Bände in der Reihe http://www.springer.com/series/13088

Kathrin Bieler

Konfliktkultur (weiter-)entwickeln

Nachhaltige Veränderung der
Konfliktmentalität in Unternehmen

Kathrin Bieler
FOM Hochschule für Oekonomie & Management
Essen, Deutschland

ISSN 2197-6708   ISSN 2197-6716 (electronic)
essentials
ISBN 978-3-658-32699-9   ISBN 978-3-658-32700-2 (eBook)
https://doi.org/10.1007/978-3-658-32700-2

Die Deutsche Nationalbibliothek verzeichnet diese Publikation in der Deutschen Nationalbibliografie; detaillierte bibliografische Daten sind im Internet über http://dnb.d-nb.de abrufbar.

Planung/Lektorat: Mareike Teichmann
Springer Gabler ist ein Imprint der eingetragenen Gesellschaft Springer Fachmedien Wiesbaden GmbH und ist ein Teil von Springer Nature.
Die Anschrift der Gesellschaft ist: Abraham-Lincoln-Str. 46, 65189 Wiesbaden, Germany

Was Sie in diesem *essential* finden können

- Praktische und theoretische Annährungen an eine Konstruktive Konfliktkultur
- Konstruktive Konfliktkultur als Grundlage gelingender Change-Management-Prozesse
- Ideen und Anregungen für eine nachhaltige Veränderung der Konfliktkultur
- Bedingungen für die Wandelbarkeit der Unternehmenskultur

„Das Ziel eines Konfliktes oder einer Auseinandersetzung soll nicht der Sieg, sondern der Fortschritt sein. "

(Joseph Joubert)

Vorwort

Das Besondere an diesem *essential* ist, dass die wissenschaftlichen Beschreibungen im Kontext der Auswertung eines konkreten Projektes entstanden sind. Dieses fand in einer stationären Altenhilfeeinrichtung statt und wurde im Zuge einer Dissertation wissenschaftlich begleitet und ausgewertet.

Die Dissertation trägt den Titel: Organisationsentwicklung zwischen Veränderungswillen und Beharrungsvermögen. Evaluation einer Maßnahme zur Implementierung einer Konstruktiven Konfliktkultur in einer stationären Altenhilfeeinrichtung.

Die Projektidee und die Ergebnisse werden in diesem *essential* zusammenfassend und praxisanregend skizziert.

Inhaltsverzeichnis

Über die Autorin

Prof. Dr. Kathrin Bieler ist Professorin für Soziale Arbeit an der FOM Hochschule für Oekonomie & Management im Hochschulbereich Gesundheit und Soziales. Während und nach ihrem Studium der Sozialen Arbeit an der HS Koblenz und des Gerontomanagements an der KH Mainz war sie in unterschiedlichen Handlungsfeldern der Sozialen Arbeit tätig.

In ihrer Masterarbeit und Dissertation beschäftigte sie sich mit Konfliktmanagement und der Implementierung einer konstruktiven Konfliktkultur. Neben ihrer praktischen und wissenschaftlichen Tätigkeit weist sie langjährige Erfahrung als Dozentin in der Weiterbildung auf.

Keine Veränderung ohne Konflikt

Keine Veränderung ohne Konflikt! Ein Satz mit doppelter Aussage: Kein Veränderungsprozess, und davon können Change-Manager*innen ein Lied singen, verläuft ohne Widerstände, und ohne konstruktiv gelöste Auseinandersetzungen gibt es keine Weiterentwicklung.

Konflikte nehmen also im Rahmen der Unternehmensentwicklung einen bedeutenden Platz ein. Dabei sind sie nichts Abstraktes oder gar Außergewöhnliches, im Gegenteil, sie gehören unmittelbar zur Lebens- und Alltagswelt eines jeden von uns. So wie Konflikte zum menschlichen Alltag gehören, so sind sie gleichsam auch immanent in Unternehmen vorhanden. So wie wir im alltäglichen Umgang miteinander gelernt haben mit Konflikten umzugehen, so haben auch Unternehmen eine Mentalität im Umgang mit Konflikten entwickelt. Sie prägen unser tägliches Miteinander und die Zusammenarbeit in jedem Unternehmen. Sie bedingen Veränderung, können aber auch notwendig erscheinende Veränderungen unterbinden.

Nicht zuletzt aus diesem Grund lohnt sich die Gestaltung einer konstruktiven Konfliktkultur in Unternehmen. Eine solche unterstützt die handelnden Personen bei der Wahrnehmung von Konflikten, die zur Veränderung auffordern und hilft bei der Bewältigung von Konflikten, die Veränderungen ausbremsen.

Fachliteratur zu dem, was Konflikte sind, wie Konflikte wirken, wie sie bearbeitet werden, was Konflikte in Change-Prozessen bedeuten und wie dann mit ihnen verfahren werden kann und sollte, gibt es unzählige. Im vorliegenden *essential* geht es also nicht primär um konkrete Verfahrensweisen und Hilfestellungen, es geht vielmehr um die Frage nach den Bedingungen für die Wandelbarkeit einer vorhandenen Konfliktkultur. Relevant ist hier die Frage, ob sich neue Ideen im Sinne von Haltungen, Sichtweisen und/oder Wertvorstellungen im Arbeitsalltag und letztlich in den Gewohnheiten des Unternehmens neu verankern

© Der/die Autor(en), exklusiv lizenziert durch Springer Fachmedien Wiesbaden GmbH, ein Teil von Springer Nature 2021
K. Bieler, *Konfliktkultur (weiter-)entwickeln*, essentials,
https://doi.org/10.1007/978-3-658-32700-2_1

lassen und somit einen Einfluss auf den aktuellen Handlungsvollzug und das Handlungswissen gewinnen.

Auf diesem Hintergrund gilt es, sich folgenden Fragen zu stellen: Was sind die Bedingungen und Indikatoren für eine konstruktive Konfliktkultur und wie lässt sich diese in einem Unternehmen implementieren? Auf der Grundlage eines Praxisbeispiels zur *„Implementierung einer konstruktiven Konfliktkultur"* werden die zentralen Faktoren dargestellt, die für die Veränderbarkeit der Konfliktkultur sprechen und im übertragenen Sinn auch für die gesamte Unternehmensentwicklung notwendig sind.

Konstruktive Konfliktkultur: Von der Idee zum Konzept

2

Was kann man sich eigentlich unter einer konstruktiven Konfliktkultur vorstellen? Eine eindeutige und allumfassende Antwort kann an dieser Stelle nicht gegeben werden. Was jedoch beschrieben werden kann, ist eine beispielhafte Auseinandersetzung mit verschiedenen Fragestellungen, die notwendig sind, um in einem Unternehmen die Konfliktkultur zu einer konstruktiven Konfliktkultur weiterzuentwickeln.

Wir alle haben eine Vorstellung davon,

- was ein Konflikt ist,
- wie ein Konflikt verlaufen könnte und
- wir haben unbewusste Muster eines gewissen Konfliktverhaltens.

Einen ersten Umgang mit Konflikten lernen wir bereits früh in unserer Kindheit, jedoch ist dieser ein sehr individuell geprägter. Er reicht von einer gewissen Konfliktscheuheit bis hin zur Streitlust (vgl. Glasl, Friedrich 2008, S. 11 f.).

In den unterschiedlichen wissenschaftlichen Fachdisziplinen gibt es umfangreiche und unzählige Erkenntnisse darüber, was unter einem Konflikt verstanden werden kann. Eine konstruktive Konfliktkultur benötigt daher Verständigung und eine gemeinsame Sprache über Konflikte im Unternehmen bezüglich folgender Fragestellungen :

K. Bieler, *Konfliktkultur (weiter-)entwickeln*, essentials, https://doi.org/10.1007/978-3-658-32700-2_2

Fragen zur Entwicklung einer konstruktiven Konfliktkultur im Unternehmen

- Was ist ein Konflikt und wie verläuft er?
- Wie kann ein konstruktiver Umgang mit Konflikten aussehen?
- Welche Kennzeichen hat eine konstruktive Konfliktkultur?
- Welche Haltung und welches Verhalten brauchen die Mitglieder eines Unternehmens, wenn eine konstruktive Konfliktkultur gelebt und erlebt werden soll?
- Welche Maßnahmen und Interventionen sind notwendig, um eine konstruktive Konfliktkultur zu entwickeln?

2.1   Annäherung an den Konfliktbegriff

Im hier genutzten Implementierungsbeispiel kommt ein eher systemtheoretisches Konfliktverständnis zum Tragen. Es wurden unterschiedliche Modelle der Konflikt- und Organisationsberatung und der Kommunikationswissenschaften bis hin zur Neurobiologie in die Beschreibungen mit einbezogen.

Die Auseinandersetzung mit dem, was ein Konflikt ist, wird in folgender Definition zusammengefasst:

▶ **Definition: Sozialer Konflikt** Von einem sozialen Konflikt wird in Anlehnung an Friedrich Glasl dann gesprochen, wenn mindestens zwei Personen beteiligt sind, ein gemeinsames Konfliktfeld vorliegt, unterschiedliche Handlungsabsichten vorhanden sind und die beteiligten Personen diese Unstimmigkeiten auch wahrnehmen.

Diese Definition beinhaltet unterschiedliche Konfliktdefinitionen, sie vereint in einem Verständigungsprozess diverse wissenschaftliche Disziplinen zu einem gemeinsamen Konfliktverständnis für ein Unternehmen. Außerdem ermöglicht sie, verschiedenste Themen und Handlungsabsichten zwischen verschiedenen Personen und Personengruppen innerhalb des Unternehmens als Konflikt zu betrachten.

Im Kontext dieser Definition wird davon ausgegangen, dass ein Konflikt dann existent ist, wenn nicht zu vereinbarende Handlungstendenzen aufeinanderstoßen. Diese widerstreitenden Tendenzen behindern, blockieren und stören einander und machen sie weniger aussichtsreich oder wirksam (vgl. Deutsch, Morton 1976, S. 18).

Die Unvereinbarkeiten im Wahrnehmen und Denken, Vorstellen, im Fühlen und Wollen beeinträchtigt alle Beteiligten (vgl. Glasl, Friedrich 2004, S. 17). Somit spielen Gedanken und Gefühle und schließlich deren Auswirkungen auf der Handlungsebene eine große Rolle. Konflikte sind somit auch immer ein Kommunikationsprozess beziehungsweise Denk- und Fühlprozess, bei dem unterschiedliche Positionen sich gegenseitig beeinflussen (vgl. Simon, Fritz B. 2012, S. 11).

Auch wenn diese Beschreibungen sich in erster Linie negativ anhören, muss hier festgehalten werden, dass Konflikte durchaus funktional und konstruktiv verstanden und gedeutet werden (vgl. Coser, Lewis A. 2009).

Denn gerade dadurch, dass Konflikte zwischen unterschiedlichen Personen oder Personengruppen stattfinden, durch sie eine Art Gruppenbildung entsteht, die wiederum Menschen zusammenbringen kann, wirken sie konstruktiv. Personen, die dem gleichen Konflikt ausgesetzt sind, schließen sich zusammen, um ihre Interessen besser durchsetzen zu können. Dies kann im besten Fall dazu führen, dass Entwicklungen vorangetrieben und Veränderungen ermöglicht werden.

2.2   Beschreibung der Konflikteskalation

Konflikt ist nicht gleich Konflikt, und nicht jeder Konflikt nimmt den gleichen Verlauf. Aus diesem Grund lohnt sich gerade im Blick auf die Implementierung einer konstruktiven Konfliktkultur die Auseinandersetzung mit Theorien und Annahmen zu Eskalationsdynamiken.

Im vorliegenden Beispiel entsteht innerhalb des Unternehmens eine eigene Grafik Abb. 2.1, die das Eskalationspotential von Konflikten bildlich darstellen soll.

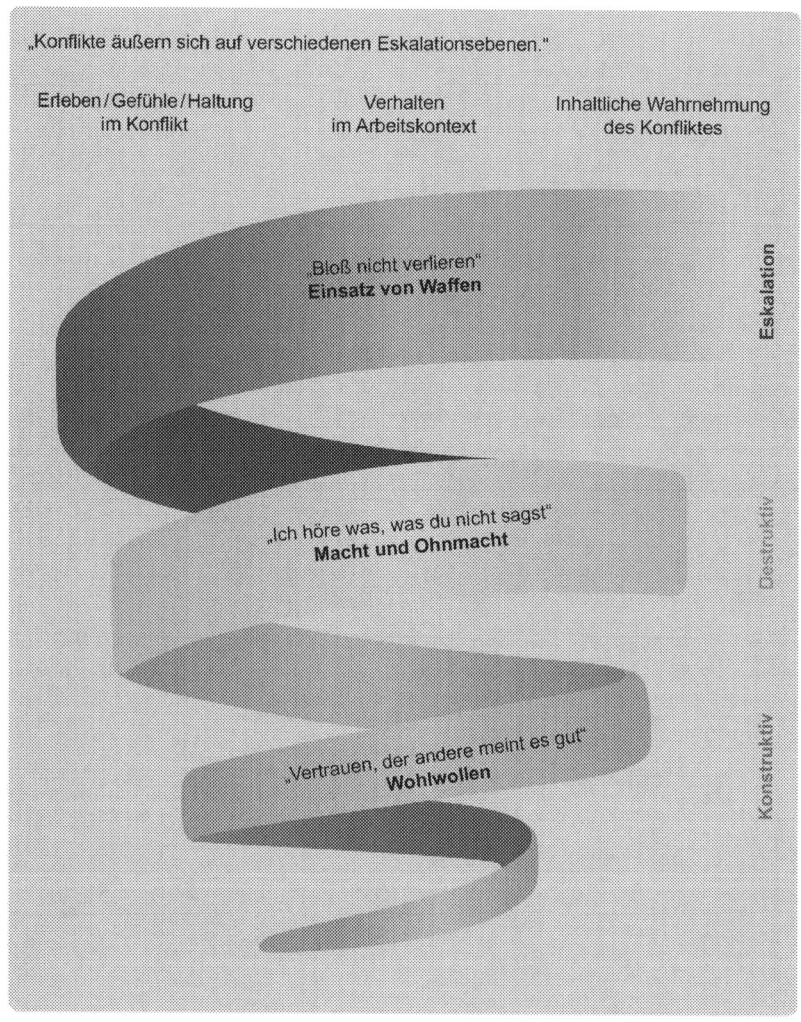

Abb. 2.1 Darstellung Konflikteskalation als „Konfliktspirale". (Eigene Darstellung)

Diese Konfliktspirale baut auf folgenden Gedanken auf:

- Im konstruktiven Bereich der Konfliktspirale besteht bei beiden Parteien die Annahme, der oder die anderen meinen es gut mit mir. Es herrscht eine Atmosphäre des Wohlwollens. Es wird davon ausgegangen, dass der Austausch unterschiedlicher Meinungen bereits ein Konflikt ist und dass dies der beste Zustand ist zu klären, was zu klären ist. Durch einen wertschätzenden Austausch wird eine gute Basis für eine konstruktive Lösung geschaffen.
- Wenn der Konflikt nicht konstruktiv gelöst werden kann, führt dies zur Entmutigung, es entsteht das Gefühl, nicht ernst genommen zu werden. Die Emotionen des anderen wirken in der Situation bedrohlich. Die Folge ist, dass diese nicht mehr mit Gelassenheit und aus der Distanz betrachtet werden kann. Der Konflikt entwickelt sich dann destruktiv. Macht und Ohnmacht spielen bei den Konfliktparteien eine entscheidende Rolle, und eine wohlwollende Kommunikation über die eigene Wahrnehmung der Situation ist nicht mehr möglich. Beide Konfliktparteien gehen an dieser Stelle davon aus im Recht zu sein. Signale von außen werden viel schneller als Angriff wahrgenommen. Es folgt ein Rückzug, worauf die entsprechende Reaktion der anderen selten ausbleibt. Entmutigung bedingt einen starken Abfall der Leistungsfähigkeit, der kreativen Problemlösung und steigert die Angstgefühle, etwas falsch zu machen. Im Konflikt entwickelt sich ein Erleben der gegenseitigen persönlichen Ablehnung. Dieser Kreislauf führt entweder zum Aufgeben oder zur Aggression. Dabei ist die Aggression die Reaktion auf sozialen Schmerz und kommt dem Kampf um Anerkennung und sozialer Zugehörigkeit gleich.
- Wenn es durch entsprechende Interventionen nicht gelingt, diesen Entmutigungskreis, die Anspannung und das gegenseitige Unverständnis zu durchbrechen, geht der Konflikt in den eskalierenden Bereich der Konfliktspirale über. In diesem gilt: Nur nicht verlieren.

Diese Annahmen und das Modell korrespondieren eng mit neurobiologischen Erkenntnissen (vgl. Bauer, Joachim 2006) und verbinden sich mit den Stufen der Konflikteskalation Abb. 2.2 nach Friedrich Glasl (vgl. Glasl, Friedrich 2004, S. 236 f.).

Stufen der Konflikteskalation

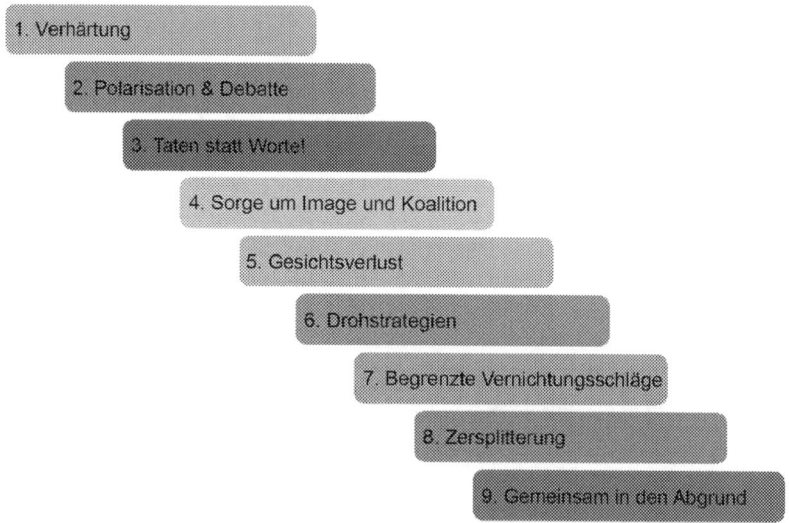

Abb. 2.2 Stufen der Konflikteskalation (vgl. Glasl 2004, 236 f.)

▶ **Für die Weiterentwicklung einer konstruktiven Konfliktkultur ist an dieser Stelle festzuhalten** Konflikte werden auf allen Eskalationsebenen bearbeitet und alle Intervention und Maßnahmen dienen dem Aufbau, der Stärkung und Aufrechterhaltung einer konstruktiven Konfliktkultur.

2.3   Kennzeichen einer konstruktiven konfliktkultur

Woran erkennt man eine Konfliktkultur und woran lässt sich festmachen, dass es sich tatsächlich um eine konstruktive Konfliktkultur handelt?

Unter Einbeziehung der konflikttheoretischen Perspektiven und der Beschreibungen über die Eskalationsdynamik von Konflikten entstehen folgende drei Kriterien, anhand derer die Entwicklung einer konstruktiven Konfliktkultur festgemacht werden kann:

▶ **Indikatoren für die Messung einer konstruktiven Konfliktkultur**

1. **Konfliktfähigkeit:**
   Die Fähigkeit, Konflikte zu erkennen und zu formulieren. Führungskräfte und Mitarbeiter*innen besitzen die Fähigkeit, in eine frühzeitige und vertrauensvolle Kommunikation über den Konflikt, beziehungsweise das Konfliktthema zu treten.

2. **Konfliktbearbeitung:**
   Die Bereitschaft zur Konfliktbearbeitung. Bei Führungskräften und Mitarbeiter*innen besteht die Bereitschaft zu einer vertrauensvollen und angstfreien Begegnung in Konfliktsituationen. Geprägt ist diese Haltung vom Wohlwollen für den anderen und von einer Aufrichtigkeit im Umgang miteinander. Hieraus erwächst eine Kultur der gegenseitigen Anerkennung und der Toleranz der Andersartigkeit.

3. **Konfliktlösung:**
   Die Fähigkeit zur Konfliktlösung: Innerhalb des Unternehmens gibt es verlässliche Strukturen und Regelungen zum Umgang mit Konflikten. Es werden angemessene Konfliktlösungen gefunden, die verbindlich umgesetzt werden.

Eine konstruktive Konfliktkultur setzt also zuallererst eine konstruktive Konfliktsicht voraus.

Diese beinhaltet, dass Konflikte ein expliziter Motor ständiger Weiterentwicklung sind, dass sich durch sie neue Regeln und Strukturen etablieren lassen und stetige Lernprozesse impliziert werden. Hinzu kommt die Erkenntnis und die damit verbundene Grundhaltung, dass Konflikte ein Alltagsphänomen sind, d. h. sie sind in jedem Unternehmen normal, haben einen Anteil beim einzelnen Menschen, den jeweiligen Teams der Führungskräfte und durchdringen damit die gesamte Organisation.

In dieser Alltäglichkeit gilt es, Konflikte gezielt zu erkennen, sie zu formulieren und damit wertzuschätzen. In einer Konfliktkultur, die das Unternehmen durchdringt, ist es nicht ausreichend, dass Führungskräfte In der Lage sind, Konflikte zu erkennen und zu bearbeiten. Vielmehr muss es ein Miteinander der verschiedenen Hierarchieebenen geben, dies vor allem im Hinblick auf die Vielschichtigkeit des Konfliktpotentials.

Für eine Kultur der konstruktiven Konfliktlösung ist eine nachhaltige Ermutigung absolut notwendig, damit die Bereitschaft zur Lösung/ zur Veränderung dauerhaft gegeben ist. Ermutigung bedeutet primär das Erleben von Sicherheit im Gegensatz zu Entmutigung, welche die Sicherheit massiv gefährdet.

2.4   Planung von Interventionen und Maßnahmenziele

In der beispielhaft angeführten Implementierung stand der Kompetenzerwerb im Hinblick auf die Konfliktfähigkeit der Unternehmensangehörigen im Fokus. Verschiedene Maßnahmen wie Konflikttrainings, Workshops, Führungskräfte-Coachings und moderierte Konfliktgespräche sollten Mitglieder der Organisation für Konflikte sensibilisieren.

Dazu wurde der Umgang mit Konflikten aufgezeigt und eine Haltung gegenüber konflikthaften Situationen zu vermitteln versucht. Darüber hinaus wurden Handlungsansätze bei schwierigen Konflikten durch einen externen Konfliktberater aufgezeigt und die Führungskräfte im Konfliktklärungsprozess gecoacht.

Es wurde erwartet,

- dass zunächst eine Steigerung von Konflikten stattfindet, da diese nicht weiter verkannt und damit unverarbeitet bleiben würden. Letztlich war das Ziel die Steigerung der Konfliktfähigkeit bei Mitarbeiter*innen und Führungskräften.
- dass die Interventionen langfristig zu einer Steigerung der Konfliktfestigkeit des Unternehmens führen, auf deren Basis Veränderungsprozesse eher gestaltet werden können. Hier findet wiederum eine Orientierung an Friedrich Glasl (vgl. Glasl, Friedrich 2008, S. 11 f.) statt, der beschreibt, dass, je mehr Menschen in Unternehmen konfliktfähig sind, dieses im Ergebnis konfliktfester wird und Veränderungsprozesse wahrgenommen, positiver angenommen und aktiver mitgestaltet werden.
- dass als Effekt der Maßnahme die Steigerung der Arbeitszufriedenheit, die Reduzierung von Belastungen und die Bindung von Mitarbeiter*innen an das Unternehmen eintritt.

Konzept der drei Interventionen

Das Projekt wurde in einer stationären Altenhilfeeinrichtung durchgeführt. Es umfasste die Dauer eines Jahres. Es fanden drei unterschiedliche Interventionen zur Implementierung einer konstruktiven Konfliktkultur statt.

Diese waren:

- Einzelcoaching für die Führungskräfte,
- ein Workshop zum Thema Konflikte mit den Führungskräften,
- die Moderation und Begleitung der Teams zu Konfliktfragen. ◄

Konfliktkultur (weiter-) entwickeln 3

„Es war ein Weg vom Würstchen in der Suppe zur Kulturveränderung im Umgang mit Konflikten".

Dieses Fazit zieht die Leitung der Projekteinrichtung am Ende der Implementierung. Gab es zu Beginn der Intervention Stellvertreter – Themen und wurden Konflikte nicht angesprochen, konnten zum Ende hin von den Führungskräften Konflikte thematisiert und bearbeitet werden.

Welche Wirkung hatten die Interventionen, welche Ergebnisse konnten erzielt werden und was bedeuten die Erkenntnisse für die Entwicklung der Konfliktkultur in Unternehmen?

Um diese Fragen zu beantworten, folgen im nächsten Kapitel eine Betrachtung der theoretischen Erläuterungen und zusammenfassende Erkenntnisse aus dem Projekt. Dabei wird Bezug genommen auf die Konfliktwahrnehmung, die Konfliktbeschreibung, die Konfliktsicht und die Konfliktfähigkeit der Beteiligten.

3.1 Konfliktwahrnehmung

Um Konflikte konstruktiv bearbeiten zu können, ist es natürlich notwendig, sie zunächst einmal zu erkennen, beziehungsweise erkennen zu wollen. Der erste Schritt zur Konfliktbewältigung ist die Wahrnehmung des Konfliktes (vgl. Heigl, Norbert J. 2014, S. 3). Diese Aussage klingt logisch. Im zugrunde liegenden Beispielprojekt beantworteten die Mitarbeitenden und auch die Führungskräfte die Frage nach Konflikten in ihrer Einrichtung jedoch pauschal mit: *„Konflikte haben wir nicht"*.

K. Bieler, *Konfliktkultur (weiter-)entwickeln*, essentials,
https://doi.org/10.1007/978-3-658-32700-2_3

Soziale Konflikte sind Wirklichkeitskonstrukte der Alltagswelt, die häufig versteckt beginnen und verkannt bleiben. Die Beteiligten nehmen eine Unstimmigkeit wahr. Diese Schwierigkeiten oder Probleme werden jedoch nicht als Konflikt beschrieben. Deshalb werden sie häufig nicht zeitnah wahrgenommen und angesprochen. Häufig führen sie in eine Eskalation und werden dann auf der Beziehungsebene ausgetragen und entsprechend als eine Art Dauerbelastung beschrieben. Diese von Mitarbeiter*innen kommunizierten Belastungsthemen werden von Führungskräften häufig als Jammern bezeichnet und damit als Konflikt verkannt.

Konflikte sind Konstrukte der menschlichen Wahrnehmung und basieren entweder auf mangelnder oder auf fehlgeleiteter Kommunikation über Gefühle, Wollen und Denken und nicht übereinstimmenden Handlungsabsichten von zwei oder mehreren Personen. Konfliktbeschreibungen von Personen und Unternehmen entstehen aufgrund von individuellen Wahrnehmungen.

Drei Aspekte dieser Wirklichkeitskonstruktion von Konflikten sollten getrennt voneinander betrachtet werden, da sie Konflikte und Konfliktsituationen unterschiedlich beeinflussen:

- Beschreibungen
- Erklärungen
- Bewertungen.

Diese Betrachtungsweise ist entscheidend für die Analyse von Konfliktbeschreibungen, da Konflikte in der Organisation durch verschiedene Personen beschrieben, erklärt und auch bewertet werden (vgl. Simon, Fritz B. 2012, S. 30).

So wird ein und dieselbe Situation von unterschiedlichen Personen nicht unbedingt gleich wahrgenommen und demzufolge auch nicht gleich **beschrieben.** Dementsprechend wird sie mit unterschiedlichen Facetten erfasst und dargestellt, die Aufmerksamkeit geht durch eigene Annahmen in eine bestimmte Richtung. Erlebtes wird also unterschiedlich rekonstruiert. Das Konfliktpotential entsteht, wenn jede Person davon ausgeht, dass die eigene Wahrnehmung die objektive Realität widerspiegelt.

Erklärungen sind Konstruktionen unserer Wahrnehmung. Sie sind die Grundlage menschlicher Alltagserkenntnis. Die Erklärung, wie es zu einem Problem gekommen ist, impliziert gleichzeitig die Frage nach dem*der Schuldigen. Erklärungen führen demnach unwillkürlich zu einem Konflikt.

Menschen sind nicht in der Lage, Situationen zu beobachten, ohne sie gleichzeitig **zu bewerten.** So können moralische, ethische, ideologische und ganz besonderes emotionale Bewertungen einen Konflikt hervorrufen und explizit entsprechende Handlungen zur Folge haben. Traditionell werden Bewertungen auf der Basis von Gefühlen und reflektierten Denkvorgängen voneinander unterschieden, in der Alltagspraxis jedoch sind sie nicht zu differenzieren (vgl. Simon, Fritz B. 2012, S. 34 ff.). Gefühle und das Denken funktionieren in Bewertungsmustern als eine Einheit. Die Gefühlslage hat einen enormen Einfluss auf die Wahrnehmung und auf die Interpretation der wahrgenommenen Informationen (vgl. Heigl, Norbert J. 2014, S. 3 f.).

In diesem Zusammenhang ist davon auszugehen, dass Konflikte im Unternehmen nicht offen, sondern häufig eher unterschwellig ausgetragen werden.

▶ **Beachten Sie die Aspekte der Wirklichkeitskonstruktion und die Konfliktsymptome** In der Planung eines Projektes zur Implementierung einer konstruktiven Konfliktkultur in einem Unternehmen braucht es deshalb eine Idee dafür, welche Symptome sich bei Unvereinbarkeiten im Wahrnehmen, Denken, Fühlen und Wollen herauskristallisieren.

Hier sei verwiesen auf Kreyberg (vgl. Kreyberg, Jutta 2005). Sie hat eine Kategorisierung unterschiedlicher Konfliktsymptome vorgenommen und beschreibt Symptome, die in Konfliktsituationen typisch sein können:

Meist beginnen Konflikte versteckt, kaum erkennbar, die Beteiligten nehmen Unstimmigkeiten wahr, können sie aber häufig nicht erklären. Diese Situation wird zunächst Konflikt genannt. Menschen nehmen bestimmte Situationen nicht unbedingt und gleichzeitig als Konflikt wahr, es ist unterschiedlich, was und wie die Beteiligten fühlen und denken.

So folgt jede Konfliktpartei ihrer eigenen Logik sowie ihren selektierten Erklärungen, Beschreibungen und Bewertungen.

Konflikte sind ein Konstrukt der Alltagswelt. Weil sie zum Leben dazugehören, laufen sie scheinbar in den meisten Fällen verdeckt ab oder werden erst in der Eskalation, also zu dem Zeitpunkt, an dem sie in der Betrachtung schwierig werden oder nicht schnell lösbar sind, erkennbar. Sie werden schlicht als negative

Begleiterscheinungen des alltäglichen Zusammenlebens und der gemeinsamen Arbeit betrachtet.

Konfliktwahrnehmung und Konfliktsicht im Projektverlauf

Bevor das Projekt in der Einrichtung begann, wurde von den dort Tätigen beschrieben, dass Konflikte grundsätzlich zum Alltag gehören. Von den Führungskräften findet eine Unterscheidung statt zwischen Konflikten, die schnell lösbar sind und solchen, die schwierig sind. Im Fokus der Beschreibungen stehen das Anstrengende und die negative Wirkung, welche von Konflikten ausgehen. Konflikte sind dann in Ordnung, wenn sie schnell zu lösen sind.

Für die Mitarbeiter*innen gehören Konflikte zum Alltag. Diese Tatsache macht es schwierig, im konstruktiven Bereich der Konfliktsspirale anzusetzen. Konflikte werden als solche nicht wahrgenommen und beschrieben. Auf diesem Hintergrund sind sie auch nicht zu bearbeiten.

Bei der Frage nach Konflikten oder erlebten Konfliktsituationen steht immer wieder die Aussage im Raum: *„So große Konflikte haben wir hier nicht".* Dennoch gibt es eine positive Sichtweise auf Konflikte. Alle Beteiligten sehen deren positives Potential. Auf die Frage, was sich in der Einrichtung verändern würde, wenn es keine Konflikte mehr gäbe, antworten die meisten Mitarbeiter*innen und auch Führungskräfte, dass es dann langweilig sein und es keine Veränderung geben würde.◄

Das Beispiel macht deutlich, dass die positive Sicht auf Konflikte und die konkrete Wahrnehmung von diesen vor einem Paradoxum stehen: Konflikte sind im Allgemeinen ein Phänomen der Alltagswelt. Sie sind ein Gegenstand der täglichen Kommunikation und kommen im Austausch von Meinungen regelmäßig vor. Wenn dies so ist, dann können sie im Kern zunächst nur in ihrem negativen, destruktiven Potential wahrgenommen werden, nämlich dann, wenn das „Normale", für alle „händelbare" Alltagsphänomen, zum Problem wird und vor Schwierigkeiten in der Zusammenarbeit stellt und alle Beteiligten Kraft kostet. Dies verhindert dann das frühzeitige Einsteigen in den Konflikt.

Wenn das Problem dann nicht als Konflikt angesprochen wird, sondern sich als Belastung manifestiert, da die Kompetenz, das positiv-konstruktive Potential des Konfliktes zu nutzen, fehlt, wird es in der Gestaltung von Veränderungsprozessen in der Organisation schwierig.

▶   **Konflikte müssen ein Thema sein dürfen** Nur in der Bewusstheit und im Wissen über Funktion und Dysfunktion eines Konfliktes kann

die frühzeitige Wahrnehmung stattfinden. Dafür müssen Konflikte in ihrem positiv-konstruktiven Potential zum Thema im Unternehmen gemacht werden.
Das bedeutet letztlich: Konflikte brauchen eine soziale Legitimation, sodass durch die Bearbeitung neue Energien und ein neues Miteinander und Füreinander entstehen können.

In Zeiten von zunehmender Belastung, Stress und Burnout, gilt es auf diesen Umstand ein besonderes Augenmerk zu legen. Die meisten Menschen kennen den Zustand, hektisch, überfordert und ausgelaugt zu sein. Diese Bezeichnungen beschreiben psychische, biochemische und psychosoziale Spannungszustände, die sich im Begriff Stress zusammenfassen lassen. Im Zusammenhang mit Gesundheit und Krankheit ist Stress ein zentraler Alltagsbegriff, ein unvermeidbarer Bestandteil des modernen Lebens und Arbeitens (vgl. Schäfer-Walkman, Susanne 2009. S. 4 f.). Unverarbeiteter Stress und unbearbeitete Stressrisiken am Arbeitsplatz müssen bewusst in den Blick genommen werden, damit sich diese Faktoren nicht negativ auf das Wohlbefinden der Mitarbeitenden sowie auf das Betriebsklima und die Arbeitsqualität auswirken. Auch Konflikte und Belastungen sind Stresssituationen und ziehen entsprechende Wirkungen auf die Arbeitszufriedenheit und die Arbeitsqualität nach sich.

Bereits in den 90er Jahren untersuchte Andreas Kruse (Kruse, Andreas (1992) Konflikte und belastende Situationen und beschrieb in diesem Zusammenhang Belastungen, die mit gesellschaftlicher Anerkennung zu tun haben. Bei dieser Studie in einer stationären Altenhilfeeinrichtung kommt er zu der Erkenntnis, dass es hauptsächlich Belastungsthemen sind, die entsprechende Konfliktpotentiale entfalten. So nennt er beispielsweise Konflikte zwischen Anspruch und Machbarkeit, Schwierigkeiten im persönlichen Umgang, unterschiedliche Auffassungen und Reglementierungen als Belastungen und Konflikte.

In diesem Beispiel, aber auch in anderen Studien kommt diese Erkenntnis zum Tragen. Die Grenzen zwischen Belastungsthemen und Konfliktpotential scheinen an dieser Stelle zu verschwimmen und bergen so eine große Gefahr für das Unternehmen, denn Konflikte werden als Belastung beschrieben und Belastungsthemen manifestieren sich wiederum in einem entsprechenden Konfliktpotential.
Ausgehend davon, dass sich Belastungen und Stress negativ auf Organisationen (vgl. WHO 2006, S. 58) auswirken, liegt der Schlüssel in der Differenzierung zwischen Konflikt und Belastung. Aus den Erfahrungen des zugrunde liegenden Beispielprojektes lassen sich sechs Kategorien bilden, in denen Konflikte und Belastungen in Wechselwirkung zueinanderstehen:

- **Konflikte belasten, wenn keine Lösung zu finden ist:** Dies ist häufig der Fall, wenn Führungskräfte vor strukturelle Probleme in einem Unternehmen gestellt werden. Die Bearbeitung alleine fordert schon heraus, da keine kurzfristige Lösung gefunden werden kann, ohne weitreichende Veränderungen anzustoßen.
- **Arbeitsbelastungen werden als Konflikte benannt:** Hinter einer immanent kommunizierten Arbeitsbelastung kann sich eine hohe Konfliktdynamik verbergen. Die Gefahr liegt dann im Nicht- Ernstnehmen der Belastung.
- **Konflikt- und Belastungsthemen von Mitarbeiter*innen werden nicht gesehen.**
- **Schwieriges Verhalten wird zum Konflikt:** Grundlage der Beschreibungen ist dann nicht mehr das Konfliktthema, sondern das als schwierig erlebte Verhalten und die persönlichen Probleme von Mitarbeitenden.
- **Mitarbeiter*innen beschreiben Konfliktthemen als Belastung:** Problematisch wird es dann, wenn Mitarbeitende sich nicht trauen, Konflikte direkt anzusprechen, sondern sie als Belastung, verbunden mit mangelnder Zeit und hohem Arbeitsaufkommen, begründen. Dann werden sie erst spät oder gar nicht wahrgenommen.
- **Mitarbeiter*innen beschreiben Konfliktpotentiale, ohne den konkreten Konflikt zu benennen:** Beschrieben werden Dinge, die zu Konflikten führen können und Begründungen dafür. Allerdings werden diese kaum mit aktuellen Begebenheiten belegt, das Wissen um Konflikte scheint also nicht vorhanden zu sein.

Konfliktthemen und Belastungen bedingen sich gegenseitig. Konflikte werden als Belastung wahrgenommen und genauso drückt sich Belastung in Konflikten aus, die dann jedoch meistens verkannt bleiben. Beide Phänomene gehören zur Alltagswelt und sind als solche kaum wahrnehmbar.

Erst wenn die Belastung ein hohes Eskalationspotenzial hat oder wenn ein Konflikt nicht mehr befriedet werden kann, wird der bewusst wahrgenommen und aktiv geklärt. In der Betrachtung der sechs Kategorien zur Wechselwirkung von Konflikten und Belastungen wird deutlich, dass ein Schritt zur Inszenierung von Veränderungsprozessen eben die Bearbeitung derselben sein kann, denn oft weisen die empfundenen Belastungen der Mitarbeiter*innen auf Veränderungsbedarf im Unternehmen hin, allerdings werden auch Veränderungen an sich als Belastung erlebt – ein Teufelskreis.

Die bewusste Wahrnehmung von Belastungen und Konflikten sowie die bewusste Kommunikation von Unzufriedenheit und Überlastungen können den Teufelskreis der Unterschwelligkeit durchbrechen. Erst wenn alle bereit sind, die Themen zu benennen und auch zu bearbeiten, kann ein Arbeitsklima der Zusammenarbeit gefördert und wichtige und notwendige Veränderungen zeitnah angestoßen und verwirklicht werden Dies kann nur durch eine offensiv-aktive und zielgerichtete Bearbeitung von Stress, Konflikten und Belastungen geschehen. Das trägt zur Förderung der Motivation und Zufriedenheit und letztlich auch zu einer positiven Außenwirkung des Unternehmens bei.

3.2 Konfliktfähigkeit

Der Umgang und die Bearbeitung von Konflikten sind dem Menschen nicht in die Wiege gelegt und somit auch nicht die Kompetenz der Konfliktfähigkeit. Obwohl wir im Verlauf des Lebens Erfahrung mit Konflikten sammeln, ist die Art und Weise, wie wir mit ihnen umgehen, explizit abhängig von Personen und Situationen. Und doch ist Konfliktfähigkeit eine soziale Kompetenz im beruflichen Kontext, die in ihrer Stellenbeschreibung zu finden ist. Doch was macht Konfliktfähigkeit als Schlüsselkompetenz des beruflichen Handelns eigentlich aus?

Laut Duden meint der Begriff Konfliktfähigkeit die Fähigkeit einen Konflikt auszuhalten. Im konkreten bedeutet dies, eine Auseinandersetzung aufzunehmen und konstruktiv bewältigen zu können. Konfliktfähigkeit ist die Kompetenz, eigene Standpunkte und Interessen klar zu benennen und mutig vorzutragen. Konfliktfähige Menschen sind offen für die Anliegen des anderen und können diese Differenz zwischen der eigenen Auffassung und der des Gegenübers auch stehen lassen. Konfliktfähig zu sein bedeutet, Auseinandersetzungen nicht aus dem Weg zu gehen (vgl. Glasl, Friedrich 2006, S. 9).

Konfliktfähigkeit besteht laut Glasl (vgl. Glasl, Friedrich 2006, S. 18 ff.) aus drei Faktoren:

- Wahrnehmungsfähigkeit
- Urteilsfähigkeit
- Handlungsfähigkeit.

Der Erwerb von Konfliktfähigkeit setzt also einen Wissensaufbau, einen Lernprozess und schließlich eine Kompetenzerweiterung in Gang. Dies geschieht Im Zusammenhang zwischen personalem und organisationalem Wissen. Das Lernen eines Unternehmens besteht darin, dass Wissen in Strukturen, Prozessen und Regelsystemen eingebaut wird (vgl. Willke, Helmut 2011, S. 70).

Um an dieser Stelle die Anforderungen an die Kompetenzentwicklung Konfliktfähigkeit erläutern zu können, braucht es die Definition der Begriffe Wissen und Lernen. „Dabei ist Lernen ist der Prozess und Wissen das Ergebnis" (Willke, Helmut 2011, S. 59).

▶ **Definition** Lernen ist ein Anpassungsprozess an Umweltbedingungen. Da sich diese Bedingungen in einer ständigen Veränderung befinden, müssen sich auch Einzelne und soziale Systeme an die neuen Umstände anpassen (vgl. Willke, Helmut 2011, S. 59). Lernen unterliegt dem Prozess aus erlebten Situationen, dem Sammeln und Verwerten.

Wissen beinhaltet Handlungsfähigkeit und entwickelt sich als Synergie von Erfahrungen. Es entsteht durch die Integration von neuen Informationen in bestehende Erfahrungshintergründe. Wissen ist personengebunden, denn jeder Mensch erlebt Situationen anders und handelt auf der Basis vorheriger Erfahrungen entsprechend. Zu unterscheiden sind implizites Wissen als Wissen, das einfach vorhanden ist, und explizites Wissen, das bewusst im Arbeitsalltag angewendet wird (vgl. Schiersmann, Christiane und Thiel, Heinz-Ulrich 2010, S. 345).

Konflikte, Auseinandersetzungen und Streit sind für jeden Menschen Situationen, die im Verlauf des Lebens unzählig viele Male erlebt werden. Jede Person geht unterschiedlich damit um, nämlich so, wie es ihr persönlich guttut und wie es in der Vergangenheit funktioniert hat. Der Umgang mit Konflikten ist implizites Wissen. Im Erwerb der Kompetenz „Konfliktfähigkeit" geht es darum, dieses Wissen als Wissen des Unternehmens mit bestimmten Haltungen und Zielrichtungen als Wissen der Organisation zu vergemeinschaften (vgl. Schiersmann, Christiane und Thiel, Heinz-Ulrich 2010, S. 346).

Das bedeutet, aus individuellem, personengebundenem und implizitem Wissen ein explizites Wissen der Organisation herzustellen, dass sich in ihren Strukturen, Prozessen und Regelsystemen widerspiegelt und gleichsam zum impliziten Wissen des Unternehmens wird.

Allerdings braucht es dann für die Zielerreichung des Kompetenzerwerbes noch einen weiteren Schritt: Aus dem expliziten und bewusst angewendeten Wissen muss wiederum ein implizites der agierenden Personen und der Organisation werden. Angewandt auf die Konfliktfähigkeit heißt das: Es braucht neue Erfahrungen als Fundament einer neuen Handlungssicherheit in Konfliktsituationen.

Entwicklung der Kompetenz Konfliktfähigkeit

Dem Projekt lag die Annahme zugrunde, dass die Verantwortung für einen Konflikt immer die Leitung hat. Dementsprechend war der Ansatz in der

Wissensvermittlung durch die drei Interventionen hierarchisch orientiert, das bedeutet, dass unterschiedliches Wissen und unterschiedliche Erfahrungskontexte zur Verfügung gestellt wurden. Aus diesem Grund hat sich die Kompetenz Konfliktfähigkeit unterschiedlich entwickelt. ◄

Zusammenfassendes Ergebnis des Projektes mit einem Ausblick auf die zu beachtenden Bedingungen

Die einzelnen Interventionen konnten in ihrer Wirkung nicht dazu beitragen, dass eine ‚Konstruktive Konfliktkultur' nachhaltig entwickelt werden konnte. Zwar gab es in der Bewusstseinsspanne des Projektes einen Wissenszuwachs, allerdings mehr bei den Führungskräften als bei Mitarbeiter*innen. Die Führungskräfte sahen im durchgeführten Projekt einen Gewinn. Für einen Teil der Mitarbeiter*innen war es sogar Zeitverschwendung. Anders als geplant konnten auch keine neuen Handlungsstrukturen eingeführt werden. Warum ist das nicht bzw. nur in Teilen gelungen?

• Weil es qualitative und quantitative Unterscheidungen in den Schulungen für die Mitarbeiter*innen und die Führungskräfte gegeben hat und gerade bei Mitarbeiter*innen die Idee nicht auf den Boden eines aktiven Handlungsbedarfes und Handlungsgeschehens gefallen ist und somit keine Handlungsnotwendigkeit impliziert wurde.

• Weil kein explizites Leitungshandeln in und keine direkte Verantwortlichkeit der Führenden für konflikthafte Situationen entwickelt wurde, da kritische Situationen durch den Konfliktberater moderiert wurden. So konnten die Führungskräfte keine selbstständige und konkrete Handlungssicherheit für den Konfliktfall erzielen.

• Weil sie sich zu keinen transparenten, für alle und handlungsleitenden Strukturen verdichten konnten.

Wahrnehmungs- und Urteilsfähigkeit in Bezug auf Konflikte konnten während des Projektes gesteigert werden. Konflikte wurden zunehmend benannt und im weiteren Verlauf des Projektes auch differenzierter beschrieben. Das umfassende Ziel des Projektes war allerdings die Kulturveränderung im Umgang mit diesen.

Auf diesem Hintergrund stellt sich natürlich die Frage ist eine Unternehmenskultur veränderbar. Wie sieht es der Wandelbarkeit von Organisationen aus und welche Bedingungen braucht es für eine gelingendes Change-Management.

Wissenstheoretische Einordnung: Drei Spannungsfelder in der Entwicklung einer konstruktiven Konfliktkultur

4

Organisations- und Unternehmensentwicklung liegen im Trend. Gerade Kulturthemen sind dabei im Fokus. So soll die Unternehmenskultur unter verschiedenen Gesichtspunkten entwickelt werden, damit sie sich den rasant veränderten Rahmenbedingungen anpassen und damit wettbewerbsfähig bleiben kann. Dies gilt sowohl für Profit-Unternehmen als auch für Non-Profit-Organisationen. So wie sich Gesellschaften im Verlauf der Zeit verändern, verändern sich auch Unternehmen und deren Kultur– auch in einer gewissen Wechselwirkung. Im Kontext von unternehmensentwickelnden Projekten ist die Frage mehr die nach den bewussten oder bewusstmachenden Veränderungsmöglichkeiten und damit der gesteuerten Restrukturierung von Handlungskontexten. Nur dann kann man sich veränderten Rahmenbedingungen schneller oder effektiver anpassen.

In der Auseinandersetzung mit dem, was Organisationen sind, wie sich deren Kultur im Laufe der Zeit verändert hat und wie Wissen erworben wird, können die Ergebnisse des Projektes in einem wissenschaftlichen Kontext erklärt und für die Weiterentwicklung der Unternehmenskultur nutzbar gemacht werden. Damit werden sie übertragbar und bedeutsam für die Unternehmens- und Organisationsentwicklung. Diese Wandelbarkeit wird diskutiert im Rückgriff auf den Mentalitätsbegriff und die Wissenssoziologie, die sich mit der Entstehung, Verbreitung und Verwendung von Wissen innerhalb von Unternehmen beschäftigt. Dabei wird insbesondere Bezug genommen auf die Beschreibung der Lebenswelt und der Wirklichkeitskonstruktion und diese werden in den Kontext des Mentalitätsbegriffes gesetzt.

K. Bieler, *Konfliktkultur (weiter-)entwickeln*, essentials, https://doi.org/10.1007/978-3-658-32700-2_4

4.1   Die Frage nach der Wandelbarkeit von Institutionen: Idee trifft auf Mentalität

Eine nachhaltige Veränderung der Konfliktkultur im Sinne der beschriebenen Idee konnte nicht umfassend festgestellt werden. Die Idee einer konstruktiven Konfliktkultur und die damit verbundenen Wertvorstellungen ließen sich durch die geplanten und durchgeführten Interventionen während des beispielhaft genannten Projektes nicht fest in den Arbeitsalltag und somit auch nicht in die Gewohnheiten manifestieren und gewannen keinen Einfluss auf den aktuellen Handlungsvollzug und das Handlungswissen des Unternehmens. Wie lässt sich das begründen?

Eine theoretische Verortung in wissens-, organisations- und konfliktsoziologische Theorien macht es möglich zu erklären, wie ein organisationsspezifischer Umgang mit Konflikten entsteht, wie er verändert werden könnte und welche Strukturen es braucht, dass die Veränderung von Dauer ist.

Dazu muss eine Verbindung zwischen den Begriffen Wert, Mentalität und Handlung In Bezug auf Konflikte hergestellt werden. Diese erlaubt dann den Versuch, Konfliktmentalitäten zu skizzieren und nach deren Bedeutung für die Unternehmen zu fragen.

Der im Projekt genutzte und in Kapitel zwei umschriebene Begriff der konstruktiven Konfliktkultur impliziert zwei Sachverhalte eines Unternehmens im Umgang mit Konflikten:

a) Der Umgang wird deutlich in bestimmten Denk-, Urteils und Handlungsstrukturen, die aus unterschiedlichen Erfahrungen in der sozialen Umwelt resultieren. Diese habituell geprägten Strukturen innerhalb der Lebenswelt können als Mentalität bezeichnet werden (vgl. Sellin, Volker 1985; Gebhardt, Winfried 1992, 1994).
Es geht also darum, die Konfliktmentalität von Unternehmen und die Fähigkeit mit Konflikten umzugehen aus der Umwelt des Unternehmens heraus zu erklären und das Verhalten Einzelner und von Gruppen bezugnehmend auf bestimmte Situationen auf dieser Grundlage zu verstehen (vgl. Sellin, Volker 1985, S. 579).

b) Dieser Umgang, das Denken über und das Handeln in Konflikten kann reflektiert und anders gestaltet werden. Kurzum: Die Mentalität ist veränderbar.
Ob sie als solche dann als konstruktiv zu bewerten ist oder nicht, lässt sich am besten einordnen, wenn man die Konflikttheorie Cosers (2009) zu sozialen Konflikten entsprechend dort verortete Denk-, Urteils- und Handlungsstrukturen betrachtet und der Frage nachgeht, wann Konflikte für Unternehmen

konstruktiv oder destruktiv sind oder in Anlehnung an die soziologischen Begriffe: funktional oder dysfunktional wirken.

In der Anwendung von Institutions- und Organisationstheorien und der Verknüpfung mit wissens- und konfliktsoziologischen Annahmen kann die folgende Darstellung verbunden werden mit der gesellschaftlichen Diskussion um den sozialen und kulturellen Wandel, um Werteverlust und den Versuch, Werte wieder neu durch gezielte Entwicklungen der Organisations- und Unternehmenskultur aufleben zu lassen und ihnen eine neue Bedeutung zu geben.

Die Grundfrage ist also: Lassen sich neue Ideen und damit verbundene Wertvorstellungen im Arbeitsalltag und letztlich auch in den Gewohnheiten eines Unternehmens verändern und erneuern? Haben sie somit einen Einfluss auf aktuelle Handlungsvollzüge und das Handlungswissen eines Unternehmens und damit auf die vorhandene Mentalität?

Um die Denk-, Urteils und Handlungsstrukturen sozialer Konflikte näher beschreiben zu können, muss man sich mit dem Begriff „Konflikt im Allgemeinen" und mit ihm als „Konstrukt der Alltagswelt" befassen. In diesem Sinne müssen auch die Auswirkungen von Konflikten im Bedingungsgefüge des Unternehmens berücksichtigt werden. Genau dies lässt sich diskutieren, indem man nach der Wandelbarkeit von Institutionen bezugnehmend auf die Begriffe Idee und Mentalität fragt und diese in den Kontext wissenssoziologischer Theorien setzen (vgl. Gebhardt, Winfried 1992, 1994).

Von Bedeutung für diese Arbeit sind deshalb die Tatbestände, die für eine Wandelbarkeit des Unternehmens und dessen Strukturen sprechen. Diese Bedingungen sind

- das Interesse an Prozessen von Institutionalisierung und Deinstitutionalisierung,
- die Tatsache, dass es sich bei Institutionen (Unternehmen) um kulturelle und soziale Gebilde handelt,
- die Verknüpfung zwischen Ideen und Wertevorstellungen (vgl. Gebhardt, Winfried 1994, S. 42).

Organisationsentwicklung liegt im Trend. Die Kultur von Unternehmen soll unter verschiedenen Gesichtspunkten entwickelt werden, damit sie sich den rasant veränderten Rahmenbedingungen anpassen und damit wettbewerbsfähig bleiben kann. So ergibt sich zunächst die grundsätzliche Frage, inwieweit Unternehmen und deren Werte, Vorstellungen und Gewohnheiten durch eine explizit neue Idee veränderbar sind und wie sich dies zu einer veränderten Mentalität verdichten kann.

Bezugnehmend auf die Ergebnisse des hier verwendeten Beispielprojektes wird noch einmal sehr deutlich, dass die Überlegungen zur Veränderbarkeit von Institutionen die Grundlage zur Analyse bilden können.

Unumgänglich wird die Reflexion, wie sich entsprechende Formen eines Umgangs mit Konflikten in einer Institution entwickeln, vor allem aber,

> wie sie sich im Handeln der Menschen niederschlägt und wie sie durch menschliches Handeln variiert und umgestaltet werden kann (Gebhardt, Winfried 1994, S. 42).

Das wiederum setzt voraus,

> dass Menschen in der Lage sind, routinierte Handlungsabläufe und vorgegebene Sinngewissheiten zu durchbrechen, Alternativen zu entwickeln und so Institutionen zu kritisieren, zu reformieren, [...] (Gebhardt, Winfried 1992, S. 351).

So gesehen sind Unternehmen dann keine unveränderbaren, sondern wandlungsfähige und sich wandelnde Gebilde. Diese Veränderungen sind in der Regel schleichend, jedoch können neue Ideen und Werte bestehende Mentalitäten und die Strukturen eines Unternehmens herausfordern. Entweder findet ein Anpassungsprozess statt oder es kommt zu Widerstand.

In Anlehnung an diesen Mentalitätsbegriff und die Ausdifferenzierung unmittelbarer Denk-, Urteils- und Handlungsstrukturen können nun die Konfliktspezifika des Wahrnehmens, Wissens und Handelns in Unternehmen skizziert und in den wissenssoziologischen Bezügen erklärt werden. Außerdem ist es von großer Bedeutung, eben jene Denk-, Urteils- und Handlungsstrukturen konfliktsoziologisch zu verordnen und in ihrer Synergie auf Unternehmen darzustellen.

So entsteht einerseits die Möglichkeit, Konfliktmentalitäten zu beschreiben und gleichzeitig nach der Idee zu fragen. Die Idee des Beispielprojektes bestand darin, die vermeintlich destruktive Kultur im Umgang mit Konflikten zu verändern. Dazu wurde auf der Basis der Unternehmensleitlinien und Wertvorstellungen die Idee einer ‚Konstruktiven Konfliktkultur‘ beschrieben. Diese Werte oder Ideen haben zunächst keinen expliziten Handlungsvollzug, sie sind eine „abstrakte Realität" ohne eine konkrete Umsetzung in alltägliche Handlungsroutinen. Sie gewinnen erst dann an Bedeutung, wenn sie verbindliche Geltung haben, durch Regeln abgesichert sind und eine eigene Identität ausbilden, kurzum, sobald sie einen konkreten Handlungsbezug aufweisen.

An dieser Stelle entsteht die Verbindung von Werten und Mentalitätsbegriff:

Werte bezeichnen abstrakte Ideen, theoriefähige Produkte der Reflexion, die sich zwar als Einstellungen oder Werthaltungen im Subjekt niederschlagen können, aber selbst dann nur von bedingter Handlungsrelevanz bleiben. Unmittelbar handlungsrelevant werden sie erst dann, wenn sie sich zu selbstverständlich geltenden, nicht mehr hinterfragten, aber prinzipiell hinterfragbaren Glaubensüberzeugungen und Sinngewissheiten, kurz: zu Mentalitäten verdichten. Mentalitäten gründen zwar auf Werten und Ideen, in der Regel sogar auf einem hierarchisch gegliederten Komplex von Werten in Gestalt von theoretischen Stützkonzeptionen wie dogmatischen Lehrsätzen, Ideologemen oder ausgefeilten Weltbildern und sind allein schon deshalb reflexiv, sind aber anders als Werte fest im Alltag verwurzelt, manifestieren sich im alltäglichen Lebensvollzug: in Arbeits- und Konsumgewohnheiten, in den Alltagsriten und Umgangsformen […] (Gebhardt, Winfried 1992, S. 348 f.).

Idee und Mentalität sind in den Ergebnissen voneinander zu trennen. Mentalitäten sind früher und Ideen später.

Idee objektiver Geist, fest-geformtes Produkt der Reflexion, Mentalität dagegen geistig-seelische Haltung, formlos-fließende Geistesverfassung (Gebhardt, Winfried (1992, S. 50).

Der bestehende Umgang mit Konflikten ist somit die Mentalität. Die Vorstellungen zu einer ‚Konstruktiven Konfliktkultur‘ sind die Idee.

Somit bildet die Idee mehr „ein Reflexionswissen", wohingegen Mentalitäten mehr auf ein Alltagswissen gründen. Sie können aufgrund folgender begriffsbestimmender Erläuterungen analysiert und beschrieben werden und sind:

- aus einem Gewohnheitswissen resultierend, selbstverständliche und unhinterfragte Grundlagen des Handels im Alltag.
- die Grundlage von Zielen und ordnen die Wirklichkeiten (beispielsweise in „Gut und Böse" und „Richtig und Falsch").
- „selbstverständlich geltende, unhinterfragte Sinngewißheiten mit unbedingter Handlungsrelevanz, die sich in Glaubensgewißheiten, Überzeugungen, Urteilen und Vorurteilen, Fremd- und Selbstbildern" ausdrücken (Gebhardt, Winfried 1994, S. 51)".

Aufbauend auf diese theoretischen Annahmen ist davon auszugehen, dass jedes Unternehmen eine spezifische, ihm innewohnende Konfliktmentalität besitzen muss, die auf ein bestimmtes Wertekonstrukt und spezifisches Handlungswissen zurückzuführen ist. Bündelt man die empirischen Ergebnisse der Arbeit, so lassen sich in Anlehnung an die obigen Aussagen drei charakteristische Merkmale benennen, die kennzeichnend sind für die Denk-, Urteils- und Handlungsstrukturen sozialer Organisationen im Umgang mit Konflikten:

- Konflikte sind Konstruktionen der Alltagswelt. In dieser Alltäglichkeit sind sie nicht als solche wahrnehmbar.
- Konflikte manifestieren sich aufgrund fehlender Legitimation in Überforderungen und Überlastungsäußerungen und verlieren dadurch ihre Funktion in und für Veränderungsprozesse der Organisation.
- Durch explizites Expertenwissen Einzelner verändert sich die Konfliktkultur einer Organisation nicht. Eine ‚Konstruktive Konfliktkultur' benötigt die Institutionalisierung der neuen Konfliktkultur und ein verbindliches, allen zugängliches Handlungswissen.

Diese Merkmale zeigen sich deutlich in drei paradox anmutenden Bildern, die als Spannungsfelder bezeichnet werden können. Letztere bewegen sich zwischen:

- dem nicht-wahrgenommenen Alltagsphänomen auf der einen Seite und einer manifestierten Belastung auf der anderen Seite,
- dem Gewohnheitswissen und dem alltäglichen Umgang einerseits und dem fehlenden Handlungswissen andererseits,
- einer funktional-positiven Sicht hier und der dysfunktional- negativen Sicht dort.

Die Pole dieser Spannungsfelder sind jedoch nicht trennscharf voneinander zu beschreiben, vielmehr bedingen und erklären sie sich auch gegenseitig. Aus der Skizzierung des einen entsteht ein nächstes Spannungsfeld. Merkmale und Spannungsfelder werden im weiteren Verlauf näher erläutert und in ihrer Bedeutung für die Weiterentwicklung sozialer Organisationen betrachtet.

4.2   Alltäglichkeit und Manifestation

Das erste Spannungsfeld entsteht zwischen dem nicht wahrgenommenen Alltagsphänomen auf der einen Seite und einer manifestierten Belastung auf der anderen Seite: Konflikte sind eine Konstruktion, ein normales Phänomen der Alltagswelt. Ein gewisses, in der Sozialisation erworbenes

Alltagswissen im Umgang mit Konflikten ist vorhanden. In gewissen Routinen kann im „Austausch von kontroversen Meinungen" sicher interagiert werden. Konflikte werden nicht als solche benannt oder wahrgenommen. Aus diesem Grund haben sie auch keine Relevanz für den Aufbau neuer Handlungsstrukturen. Konflikten wird in dieser unbewussten Alltäglichkeit souverän begegnet, sodass sie „*nicht der Rede wert*" sind. Das Projekt versuchte genau an einer Stelle anzusetzen, an der die Akteure keine Handlungsnotwendigkeit für Veränderung erleben. Denn erst dann, wenn Konflikte bewusst wahrgenommen werden, werden sie zum Thema. Dann aber werden immanent kommunizierte Belastungen als Stellvertreter – Themen beschrieben. Für diese Situationen ist scheinbar kein „Umgangsrezept" vorhanden. Die Routinen greifen nicht mehr und die Situation wird als schwierig und unlösbar beschrieben.

Konflikte in sozialen Organisationen werden nicht unmittelbar angesprochen. In der Wahrnehmung der Akteure gibt es auch keine Konflikte. Konflikte sind einfach da und scheinen normal zu sein. In der Alltagswirklichkeit und in der Wahrnehmung der Mitglieder sozialer Organisationen sind sie kein relevantes und nennenswertes Thema; sie gehören untrennbar zum Alltagsleben, dem Arbeitsalltag und der täglichen Kommunikation zwischen Menschen, oder um es mit den Worten des Konfliktsoziologen Coser zu sagen: Keine Gruppe kann völlig harmonisch sein,

sie wäre dann ohne Entwicklung und Struktur. Gruppen verlangen Disharmonie ebenso wie Harmonie, Auflösung wie Vereinigung; Konflikte in Gruppen sind nicht einfach zerstörende Faktoren. Gruppenbildung ist das Ergebnis beider Arten von Prozessen. […]. Konflikt und Kooperation haben soziale Funktionen. Weit davon entfernt, notwendig dysfunktional zu sein, ist ein gewisses Maß an Konflikten ein wesentliches Element für die Gruppenbildung und den Bestand des Gruppenlebens (Coser, Lewis A. 2009, S. 35).

Konflikte sind ein fester, nicht weg zu denkender, aber wenig bewusst wahrgenommener Bestandteil der Alltagswelt in der Beziehung zwischen Menschen und auch in sozialen Organisationen. Ihre Wirklichkeit wird von Menschen beschrieben und beurteilt und zwar so, wie es ihnen subjektiv sinnhaft erscheint (vgl. Berger, Peter und Luckmann, Thomas 2004, S. 21). Es geht demnach um die Konfliktwirklichkeit der Mitglieder sozialer Organisationen auf der einen und deren

Wirkung auf der anderen Seite. Die Anwesenheit, also die Wirklichkeit des Konfliktes in der Alltagswelt, wird hingenommen (vgl. Berger, Peter und Luckmann, Thomas 2004, S. 24).

Dem Phänomen muss jedoch nicht aktiv-bewusst begegnet werden, da ein alltägliches Wissen im Umgang mit Konflikten vorhanden zu sein scheint. Die konflikthafte Situation

> ist einfach da – als selbstverständliche, zwingende Faktizität. [...]. Obgleich ich in der Lage bin, ihre Wirklichkeit in Frage zu stellen, muß ich solche Zweifel doch abwehren, um in meiner Routinewelt existieren zu können (Berger, Peter und Luckmann, Thomas 2004, S. 26).

Konfliktwahrnehmung und Konfliktfähigkeit innerhalb von Unternehmen zeigen, dass die Mitglieder in vertrauten und bekannten Alltagssituationen agieren, indem sie auf ein entsprechendes Alltagswissen zurückgreifen und mehr oder weniger unbewusst, jedoch lösungsorientiert, handeln. Dieses Alltagswissen setzt sich aus stereotypisierten, sozial geteilten, normativ und rituell abgesicherten Alltagserfahrungen zusammen (Gebhardt, Winfried und Kamphausen, Georg 1994, S. 17). Solange eine routinierte Bearbeitung von Konflikten möglich ist, sind diese kein Problem innerhalb der Alltagswelt der Organisation und müssen nicht zwingend zum Thema gemacht werden, da sie ansonsten die Wirklichkeit dieser Alltagswelt in Frage stellen. Das wiederum würde einem Zweifel an der Alltagswelt gleichkommen. Das ist ein möglicher Grund, warum Konflikte nicht benannt werden oder aber deren Vorhandensein verneint wird.

So wird die Zusammenarbeit als konfliktfrei beschrieben oder Konflikte in Schnittstellen zu anderen Arbeitsbereichen werden nicht benannt. Fehlende Konflikte sind kein Zeichen für die Stärke einer Beziehung, da gerade stabile Beziehungen durch Konflikte gekennzeichnet sind (vgl. Coser, Lewis A. 2009, S. 102). Sie werden vermieden, wenn Beziehungen zwischen den Partnern als zerbrechlich gelten und eine Offenlegung der Konflikte dazu führen würde, die gesamte Alltagswelt infrage zu stellen. Faktisch sind die Konflikte beobachtbar und hinter vorgehaltener Hand werden sie auch angesprochen. Erst wenn sie in ihrem weiteren Verlauf als immer schwieriger erlebt werden, werden sie bewusst ins Wort gebracht.

Das geschieht zum einen, und hier wird die Komplexität des Themas greifbar, weil der Konflikt nicht mehr aus der Alltagswelt heraus erklärt werden kann und zum anderen, weil der Konflikt gleichzeitig einen Zweifel an der Alltagswelt aufkommen lässt, der grenzüberschreitend wirkt. In diesen Fällen sprechen

Spannungsfeld zwischen Alltäglichkeit und Manifestation

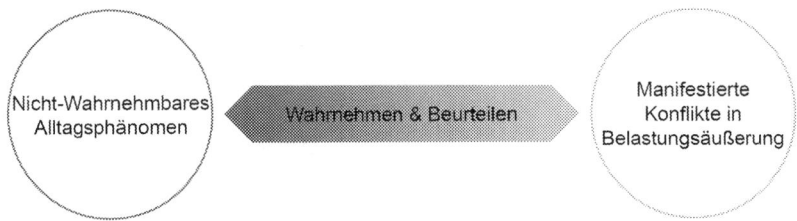

Abb. 4.1 Spannungsfeld: Wahrnehmen und Beurteilen

die Mitglieder nicht mehr von einem Konflikt, sondern thematisieren Belastungen oder Überforderungen. Hier entsteht das erste Spannungsfeld Abb. 4.1 als Merkmal und gleichzeitig als Schwierigkeit von Konfliktmentalitäten sozialer Organisationen. Es liegt zwischen einem scheinbar nicht-wahrnehmbaren Alltagsphänomen und der Manifestation der Situation in Belastungsäußerungen.

Das Spannungsfeld entsteht zwischen der konkreten Wahrnehmung der Situation und der Beurteilung als Konflikt aufgrund einer fehlenden sozialen Legitimation. Dies hat einen Einfluss darauf, was thematisiert und vor allem, wie es thematisiert wird und damit auch, wie es bearbeitet werden kann und welche Wirkung es letztlich hat. Die Wahrnehmung und die Beurteilung von Konflikten scheinen untrennbar mit Belastungsäußerungen verknüpft zu sein. Wenn ein Konflikt als solcher wahrgenommen wird, dann zugleich auch als Belastung. Es kann also davon ausgegangen werden, dass Konflikte sich in Belastungen manifestieren. So kommt es, dass nur das als Konflikt bewusst benannt werden kann, was das Fehlverhalten oder das scheinbar psychische Problem Einzelner im Fokus hat.

Bereits in der Entwicklung der Konfliktsoziologie kann ein ähnlicher Trend beschrieben werden, der weniger das Strukturelle eines Konfliktes betrachtet, sondern den Konflikt individuellem Fehlverhalten zuordnet (vgl. Coser, Lewis A. 2009, S. 21 f.). Coser konstatiert, dass die Beschäftigung mit dem Konfliktphänomen vorwiegend auf die Verminderung von Konflikten ausgerichtet ist und es nur in seiner auflösenden Erscheinung betrachtet wird (vgl. Coser, Lewis A. 2009, S. 29).

Diesen Wandel in der Auseinandersetzung mit dem sozialen Konflikt weist er der zunehmend angewandten Sozialwissenschaft zu, die sich mehr an den

Interessen der bestehenden „Bürokratien" orientiert, in der die Auftraggeber das Interesse haben, die „institutionelle Ordnung" zu erhalten (vgl. Coser, Lewis A. 2009, S. 30) und die eigene Position zu sichern:

> Die Entscheidungsgewaltigen sind natürlich daran interessiert, Strukturen der Organisation, durch die sie und in denen sie Macht und Einfluß ausüben, zu erhalten und, wenn möglich, noch zu verstärken. Jeder Konflikt, der innerhalb dieser Strukturen aufkommt, wird ihnen als dysfunktional erscheinen. Durch Interessen und Gefühle der bestehenden Ordnung fest verbunden, neigen die leitenden Persönlichkeiten dazu, Abweichungen von dieser Ordnung als das Ergebnis psychischen Fehlverhaltens zu sehen und Konfliktverhalten als das Resultat solcher psychologischen Faktoren zu erklären. Sie werden sich deshalb wahrscheinlich eher mit ´Spannungen´ befassen als mit denjenigen Aspekten des Konfliktverhaltens, die die Notwendigkeit anzeigen könnten, die Grundstrukturen der Institution selbst zu verändern (Coser, Lewis A. 2009, S. 30 f.).

Weiter beschreibt er, dass sich die spätere Soziologie mehr an ein Publikum wendet, das auf

> die Stärkung der gemeinsamen Werte aus war(en) und den Gruppenkonflikt auf ein Minimum beschränken wollte(n) (Coser, Lewis A. 2009, S. 32).

und benennt dann explizit soziale Berufsgruppen. Somit sind gerade soziale Organisationen durch diese Annahmen über Konflikte und Konfliktverhalten der angewandten Sozialwissenschaften geprägt.

4.3   Gewohnheitswissen und Handlungsunfähigkeit

Übersicht

Das zweite Spannungsfeld entsteht zwischen dem Gewohnheitswissen und dem alltäglichen Umgang einerseits und dem fehlenden Handlungswissen andererseits. Konflikte bewegen sich zwischen schnell-lösbaren Alltagssituationen und schwierig-störenden Situationen, für die kein Handlungswissen vorhanden ist.

Im Projekt ist es nicht gelungen, eine Einsicht zu erzeugen und neues Wissen auf der Grundlage schwierig erlebter Situationen zu erwerben und anzuwenden. Aufgrund von externer Expertise mussten die Mitarbeiter*innen kein neues Handlungswissen erlernen, sondern konnten auf

Wissen von außen zurückgreifen. Um das entsprechende Wissen zu erwerben, hätten neue Abläufe und Strukturen sowie eine gemeinsame Sprache entwickelt werden müssen, um „schwierige" Konflikte ins Wort zu bringen.

Denken über und Handeln in Konflikten sind in der Organisation in erster Linie habituell geprägtes und angewandtes Alltagswissen, welches die Wirklichkeit abbildet und gleichzeitig auch von den tätigen Akteuren hergestellt wird (vgl. Abels, Heinz 2009a, S. 139). Da sich dies durch

> Mittel, die uns die Gesellschaft zur Verfügung stellt" vollzieht, nämlich „Sprache, Wissen, Handlungsformen, kurz: soziale Tatsachen (Abels, Heinz 2009a, S. 139),

wird die soziale Ordnung innerhalb der Organisation auch in alltäglich erlebten Konflikten erhalten. Es finden Konflikte im zwischenmenschlichen Bereich statt. Aufgrund des tradierten Alltagswissens, also der implizierten Regeln des Unternehmens und der Sozialisation der Beteiligten, erfolgt eine unmittelbare und unbewusste Klärung. Für die Akteure bleiben solche „Störungen" aber auf der Ebene des nicht Wahrnehmbaren, weil sie im Alltagswissen eben nicht als Konflikt definiert sind. Es gibt keinen Bedarf, sie zum Thema zu machen.

Dies funktioniert so lange, bis diese Situationen den Beteiligten bewusstwerden, weil die Konflikte emotional schwierig werden und keine kurzfristigen Lösungen untereinander gefunden werden können. So bestimmt das hier vorhandene Alltagswissen, wie lange es um den normalen Austausch von Meinungen geht und ab wann eine schwierige Konfliktsituation beschrieben wird. Für diese fehlt dann in der Bearbeitung ein spezifisches Handlungswissen und die Möglichkeit der Einbindung in institutionalisierte Strukturen.

Damit ergibt sich ein zweites Spannungsfeld Abb. 4.2 der Konfliktmentalität. Es bewegt sich zwischen dem routinierten und unbewussten Gewohnheitswissen und einem fehlenden spezifischen Handlungswissen aller Akteure.

Dieses Spannungsfeld entsteht zwischen einem Gewohnheitswissen der Organisationsmitglieder, vielleicht auch dem expliziten Fortbildungswissen einiger Mitglieder, und einem fehlenden konkreten Handlungswissen. Hier scheint die Möglichkeit zur Anwendung institutioneller Regeln zu fehlen.

Im Zentrum wissenssoziologischen Interesses steht das „Alltagswissen", hierbei handelt es sich um Wissen über Bedeutungs- und Sinnstrukturen, ohne die es keine menschliche Gesellschaft gibt (vgl. Berger, Peter und Luckmann, Thomas 2004, S. 16).

Spannungsfeld zwischen Gewohnheit und Handlungsunfähigkeit

Gewohnheitswissen und alltäglicher Umgang

Wissen & Handeln

fehlendes spezifisches Handlungswissen

Abb. 4.2 Spannungsfeld Wissen und Handeln

Zusammenfassend zählen also auch das Wissen über und der Umgang mit Konflikten zu *institutionalisierten Verhaltensweisen,* die zur gesellschaftlichen Ordnung erwachsen sind (vgl. Abels, Heinz 2009, S. 139).

Diese erhält sich über die Vermittlung verbindlichen Wissens im Prozess der Sozialisation und durch die Bestätigung dieses gemeinsamen Wissens in den Interaktionen des Alltags. In unserem Denken und Handeln wird Wirklichkeit immer wieder von uns hergestellt (Abels; Heinz 2009, S. 139).

Demnach werden Menschen in ihrer Konfliktwahrnehmung durch Sozialisation geprägt. Diese vollzieht sich in der alltäglichen Lebenswelt, sie ist die Wirklichkeit, an der der Mensch in unausweichlicher, regelmäßiger Wiederkehr teilnimmt (Schütz, Alfred und Luckmann, Thomas 2003, S. 29). Hier werden Konflikte und entsprechende Handlungsstrategien erlebt und aus ihr bildet sich das Alltagswissen über „richtige" oder „falsche" Verhaltensweisen in Konflikten. Die Sozialisation des Individuums hat also einen Einfluss auf seine Wahrnehmung, sein Erleben und sein Gestalten von Konfliktsituationen. Wenn das offene Ansprechen und die Austragung von Konflikten als unmenschlich und hart gelten, könnte dieser Gedanke zur Lebenswelt und damit zu den *„Struktur des Denkens"* gehören und dazu führen, als schwierig wahrgenommene Konflikte nicht direkt anzusprechen, weil das als unsozial gilt.

In dieser Sinnstruktur werden

all diese mitgeteilten und unmittelbaren Erfahrungen [...] zu einer gewissen Einheit in der Form eines Wissensvorrats (Schütz, Alfred und Luckmann, Thomas 2003, S. 33).

Sie bilden den Bezugsrahmen der entsprechenden Konfliktwahrnehmung. So stehen auf der einen Seite Konflikte, die zum täglichen Leben und Arbeiten gehören und mit denen die Mitglieder in Unternehmen selbstverständlich aus ihrem habituell durch Sozialisation geprägten Alltagswissen heraus umgehen können. Auf der anderen Seite gibt es jedoch Konfliktsituationen, die das alltägliche Handeln überfordern und den Konflikt in eine Eskalation und Manifestation treiben.

Konflikte bewegen sich auf dieser Grundlage zwischen schnell-lösbaren und schwierig-störenden Situationen. Solange der Konflikt zur täglichen Kommunikation und zum Austausch von Meinungen gehört und unkompliziert lösbar ist, können die Mitglieder „routinemäßig" mit ihm umgehen, können sie ihn begreifen (vgl. Berger, Peter und Luckmann, Thomas 2004, S. 26). Sie erleben diese Situationen jedoch nicht bewusst als einen Konflikt und können ihn deshalb auch nicht benennen. Für Konflikte, die aus dem Alltagswissen heraus nicht mehr bearbeitet werden können, fehlt die Daseinsberechtigung, weil sie sich nicht einfach auf der Basis des Verantwortungsbewusstseins regeln lassen und kein spezifisches Handlungswissen vorhanden zu sein scheint.

Dann fehlen institutionalisierte Regeln, gemeinsam vereinbarte Handlungsabläufe und Strukturen sowie eine gemeinsame Sprache, um „schwierige" Konflikte ins Wort zu bringen. Coser, dem es mehr um die Funktion als um die Dysfunktion von Konflikten geht, kommt zu dem Schluss,

daß Konflikt dazu neigt, für eine soziale Struktur dysfunktional zu sein, in der es keine oder nur eine ungenügende Tolerierung und Institutionalisierung von Konflikt gibt (Coser, Lewis A. 2009, S. 186).

Letztere sind also dann dysfunktional, wenn es keine Verfestigung sozialer Normen und entsprechende Verhaltensmuster gibt, um ihnen zu begegnen und sie die Leistung oder den Bestand eines sozialen Systems beeinträchtigen.

Die Herangehensweise an Konflikte muss, wenn deren Funktion greifen soll, in einer Organisation institutionalisiert sein. Dazu braucht es strukturierte Vorgaben und erklärte Handlungsabsichten, was in Konfliktsituationen zu tun ist und ein tradiertes und damit impliziertes Handlungswissen der Organisationsmitglieder. Das Wissen um Konflikte und die Kenntnisse über deren Verlauf und der Nutzen für alle Organisationsmitglieder (auch und gerade dann, wenn sie schwierig und nicht leicht lösbar sind) scheint der Schlüssel für die Wandelbarkeit von Organisationen zu sein.

Um Veränderungen zu bewirken, müssen Probleme und Konflikte angesprochen werden. So lange scheinbar „alles gut" läuft, wird es keine Entwicklung geben. Diese kann nur gelingen, wenn Grenzen thematisiert und nachhaltig bearbeitet werden. So kann der Konflikt selbst ein Mittel sein, um Organisationen funktionsfähig zu erhalten und sie weiterzuentwickeln (vgl. Coser, Lewis A. 2009, S. 72).

Solange das implizite Alltagswissen der Einzelnen über Konflikte nicht zu einem funktionalen und ebenso impliziten Handlungswissen geworden ist, werden Konflikte mehr im dysfunktionalen Bereich und eher als Störquelle wahrgenommen und weniger als Möglichkeit für Veränderungen. Demnach kann nur in der Bewusstheit und im Wissen, verbunden mit einer entsprechenden Handlungskompetenz über Funktion und Dysfunktion eines Konfliktes, die frühzeitige Wahrnehmung und konstruktive Bearbeitung stattfinden.

4.4   Funktionaler und dysfunktionaler Sichtweisen

Übersicht

Das dritte Spannungsfeld entsteht zwischen einer funktional-positiven und dysfunktional-negativen Sicht.

Das Benennen von Konfliktthemen fällt schwer. Zwar betonen die Mitarbeiter*innen die Wichtigkeit von Konflikten für Entwicklung und Veränderung, doch sind sie nicht in der Lage, diese zu bearbeiten. Es fehlt wiederum Handlungswissen, um die als schwierig erlebten Situationen zu erkennen und zu bearbeiten – und letztlich die Handlungseinsicht.

Der Begriff „Konflikt" ist eher negativ besetzt. Konflikte sind nicht erwünscht, weil sie die Arbeitsabläufe und den Betriebsfrieden stören und sollen möglichst schnell und unkompliziert befriedet werden. Der konstruktive Umgang mit schwierigen Alltagssituationen ist noch kein Konflikt und völlig normal. Erst wenn ein Konflikt in seinem Verlauf schwierig wird, sprechen Organisationsmitglieder von einem solchen. Allerdings werden diese unmittelbar bewusst erlebten Konflikte nicht mehr positiv eingeordnet, sondern als Störquelle im Alltagsgeschehen. Diese Ohnmacht in der Bearbeitung lässt die Situation ausschließlich in einem negativen, destruktiven Potential wahrnehmen. Die Entmutigung durch den Konflikt führt zu einer negativen Bewertung und eine mögliche Verbesserung und Entwicklung, die angestoßen werden könnte, ist nicht mehr zu erkennen, weil ein entsprechendes institutionalisiertes, konstruktives Handlungswissen fehlt. Wenn aus diesem Grund Probleme nicht als Konflikt angesprochen

Spannungsfeld zwischen funktionaler und dysfunktionaler Sicht

Abb. 4.3 Spannungsfeld Haltung und Bewertung

werden, sondern sich als Belastung manifestieren, da die Kompetenz, das positiv-konstruktive Potential des Konfliktes zu nutzen, fehlt, wird es in der Gestaltung von Veränderungsprozessen schwierig.

Hier ergibt sich nun das dritte Spannungsfeld Abb. 4.3, in dem sich die Konfliktmentalität bewegt, nämlich zwischen einer funktional-positiven Sicht und einer dysfunktional-negativen Sicht.

Die Haltung zum Konflikt und die Möglichkeiten adäquat zu handeln führen dazu, dass der Konflikt positiv oder negativ, funktional oder dysfunktional bewertet wird. Beschreibungen weisen mehr darauf hin, dass die Herangehensweise an Konflikte mehr destruktiv als konstruktiv ist. Zum offenen Ansprechen fehlt scheinbar die Legitimation. Dementsprechend scheint der Umgang Konflikten auch nicht institutionalisiert zu sein. Es gibt keine bewusst einsetzbaren Handlungsweisen, mit denen auch „schwierigen" Konflikten begegnet werden kann, wenngleich im Zuge von Personal- und Organisationsentwicklung unzählige Fort- und Weiterbildungen insbesondere für Führungskräfte im Konfliktmanagement gang und gäbe sind.

Nicht das Wissen Einzelner, sondern das Wissen und die Strukturen der Organisationen scheinen ausschlaggebend dafür zu sein, ob Konflikte sein dürfen oder nicht und ob diese sich funktional oder dysfunktional auswirken können. So lange nur Einzelne Wissen besitzen und ausschließlich in ihr individuelles Handeln integrieren, verändert sich die Mentalität der Organisation nicht. Nur wenn alle Mitglieder über gleiches oder ähnliches institutionalisiertes Handlungswissen verfügen, können Konflikte frühzeitig und für die Institution nachhaltig bearbeitet und die Ausgangssituation verändert werden.

So bilden einerseits Wissen und andererseits Handeln einen wichtigen Aspekt der Mentalität. Coser unterscheidet die sozialen Strukturen, in denen Konflikte auftreten, und, ob sie eine entsprechende funktionale oder dysfunktionale Wirkung in diesem System haben oder ihnen eben die eine oder andere zugedacht wird. In seiner Zusammenfassung weist er explizit darauf hin, was das Gleichgewicht sozialer Strukturen bedroht. Für ihn ist dies

> nicht der Konflikt an sich, sondern die Starrheit selber, die die Aggression (…) anstauen läßt, und – bricht der Konflikt dann aus – sie geradewegs diese Struktur zerbrechen läßt (Coser, Lewis A. 2009, S. 186).

Nicht jeder Konflikttyp nützt der Gruppenstruktur und nicht jeder Konflikt kann für alle Gruppen entsprechende Funktionen haben. Wenn Coser von einem Konflikt spricht, dann unter der Prämisse, dass es sich um einen echten Konflikt handelt. Auf der einen Seite stehen also echte Konflikte und die Beschreibung ihrer Funktionen und auf der anderen unechte.

Ein Anzeichen für einen echten Konflikt ist, „wenn Menschen Forderungen […] stellen, die zum Konflikt führen" (Coser, Lewis A. 2009, S. 65) und diesen widerstreitende Werte anhängen Wenn Menschen in Streit geraten aufgrund divergierender Forderungen und die damit verbundenen Wünsche versagt bleiben, dann nennt Coser dies einen echten Konflikt (vgl. Coser, Lewis A. 2009, S. 66). Ein unechter Konflikt hingegen entsteht „aus Versagungen und Frustrationen durch den Sozialisierungsprozeß und später durch Verpflichtungen aus der Erwachsenenrolle, oder sie ergeben sich, […], aus der Umkehrung eines ursprünglich tatsächlichen Gegensatzes, den auszudrücken verboten war" (Coser, Lewis A. 2009, S. 66). Echte Konflikte richten sich gegen diejenigen, die die Entbehrung verursachen, wohingegen unechte Konflikte zu einer *Entladung von Spannung in einer aggressiven Handlung* führen.

Diese Kategorisierung des Konfliktes stellt einen wichtigen Baustein zur Erklärung der Konfliktmentalität sozialer Organisationen dar. Auf der einen Seite handelt es sich um Forderungen und Wünsche im Kontext der Organisation, auf der anderen Seite um spannungsreiche Entladungen, die auf verbotenen, ursprünglich tatsächlichen Gegensätzen beruhen können. Diese gilt es zu unterscheiden, wenn Funktion und Dysfunktion näher beschrieben werden sollen. Für Coser

> wird deutlich, daß, wie Simmel sagt, psychische Motivationen nicht ausreichen, Konfliktverhalten zu erklären. Der echte Konflikt zwischen Individuen oder Gruppen um Status-, Macht- und Wohlstandsansprüche oder die Zugehörigkeit zu konkurrierenden

Wertsystemen können in der Verfolgung ihrer Ziele affektive Energien mobilisieren, ein komplexes Ineinander von Gefühlen und Emotionen; dies ist jedoch kein notwendiges Ergebnis des echten Konfliktes (Coser, Lewis A. 2009, S. 70).

Konflikt meint im Gegensatz zu aggressiven Handlungen immer eine Interaktion zwischen zwei oder mehreren Personen. Die Funktion des Konfliktes hängt also stark von der Sozialstruktur und den Streitpunkten ab. Es kann davon ausgegangen und zusammenfassend festgehalten werden, „dass innere soziale Konflikte, die Ziele, Werte oder Interessen betreffen, die nicht den grundlegenden Voraussetzungen zuwiderlaufen, auf denen die Beziehung begründet ist" (Coser, Lewis A. 2009, S. 180), eher funktional und positiv für die soziale Struktur sind. Konflikte, in denen grundlegende Vorstellungen nicht geteilt werden, wirken eher dysfunktional und negativ. Konflikte, die funktional für das Sozialsystem sind, ermöglichen eine Erneuerung von Werten, Normgefügen und auch von Machtverhältnissen, während dysfunktionale Konflikte das System zu zerstören drohen. Funktional wirken Konflikte in solchen Strukturen, in denen sie Institutionalisierung und Tolerierung erleben und auch antagonistische Forderungen gestellt werden dürfen. Die Toleranz ist wiederum abhängig von der Intensität der Beziehung. In diesen Bezügen werden viele Gelegenheiten für feindselige Gefühle geboten, aber eine Äußerung wird unterdrückt.

Kulturveränderung braucht Handlungswissen, Handlungsstrukturen und Handlungsnotwendigkeit

Die hier vorgestellten Spannungsfelder zeigen auf, dass es im Beispielprojekt nicht möglich war, Handlungsnotwendigkeit und Handlungseinsicht zu erzeugen und Handlungswissen zu vermitteln. Am Ende steht, von außen betrachtet, keine nachhaltig veränderte Konfliktkultur. Damit Organisationsentwicklung nicht zwischen dem Veränderungswillen der Führungskräfte und dem Beharrungsvermögen der Mitarbeiter*innen stehen bleibt, braucht es drei entscheidende Faktoren:

- die Vermittlung von Wissen,
- den Aufbau von legitimierten Handlungsstrukturen und
- die Einsicht, neues Handlungswissen erwerben zu müssen.

Wie eingangs bereits beschrieben, sind Konflikte für Organisationen dann dysfunktional, wenn sie nicht genügend legitimiert und nicht auf der Grundlage tradierter Verhaltensweisen institutionalisiert sind. Sollte das Problem nicht als Konflikt (auch der zwischen Anspruch und Machbarem und der Kritik an den

Rahmenbedingungen sozialer Organisationen) angesprochen werden, sondern sich als Belastung manifestieren, da die Kompetenz sowohl bei Führungskräften als auch bei Mitarbeiter*innen, das positiv-konstruktive Potential des Konfliktes zu nutzen, fehlt, gestalten sich Veränderungsprozesse in der Organisation schwierig.

An dieser Stelle bekommt das Spannungsfeld zwischen der funktional-positiven Sicht auf Konflikte und der konkreten Wahrnehmung von Konflikten einen Erklärungsansatz, denn in der Verschiebung der Konflikte in den Bereich der Überforderung ohne Lösungsansätze liegt scheinbar eine weitreichende Akzentverschiebung von einer konstruktiv-funktionalen Alltagssicht und Handlungsweise zu einer dysfunktionalen Sicht und destruktiven Herangehensweise.

Hier entsteht die Problematik des „Konfliktes als Alltagsphänomen". Sollen nämlich Veränderungen bewirkt und sowohl negative als auch positiv wahrgenommene Konflikte in ihrer „Sinn- und Bedeutungsstruktur" funktional und konstruktiv thematisiert und bearbeitet werden, muss dies am Alltagswissen der Organisation über die Alltagswirklichkeit des Konfliktes ansetzen. Dann müssen Bedingungen geschaffen werden, zu denen auch der gelernte Umgang mit Konflikten in eben diesen zunächst dysfunktional und negativ wirkenden Konflikten zählt. Dabei müssen die Mitglieder jedoch eine unmittelbare Notwendigkeit für die Veränderung des Konfliktverhaltens erleben. Um Denk- und Urteilsstrukturen der Konfliktmentalität zu verändern, braucht es ein konkretes Erleben erfolgreicher konstruktiver Handlungsstrukturen, die die Routinewirklichkeit dauerhaft durchbrechen können. Zieht man die Quintessenz, dann bildet „Wissen und dessen Integration in soziales Handeln" (Knoblauch, Hubert 2005, S. 303) das Zentrum für eine funktional-positive Herangehensweise an Konflikte und damit für die Idee einer konstruktiven Konfliktsicht innerhalb der Unternehmenskultur.

Integration der Spannungsfelder als Schlüssel zur Kulturveränderung

In dieser Auseinandersetzung werden aber auch Grenzen der Organisationsentwicklung im Sinne einer Kulturveränderung deutlich, nämlich genau da, wo neue Werte auf alte Strukturen treffen, die zu starr sind, um neue Handlungsvollzüge und damit eine neue Kultur oder Mentalität zuzulassen.

So drängt sich die Vermutung auf, dass in der Integration der Spannungsfelder der Schlüssel zur Veränderung der Konfliktmentalität liegen könnte:

- Die Auflösung des Spannungsfeldes in der Wahrnehmung und Beurteilung von Konflikten könnte dazu beitragen, dass diese frühzeitiger erkannt und benannt werden. Die Voraussetzung ist die Vermittlung von Wissen.

- Die Auflösung des Spannungsfeldes in Wissen und Handeln könnte bewirken, dass Konflikte frühzeitig aus einem speziellen Handlungswissen bzw. der Erweiterung des Wissensvorrates bearbeitet werden. Voraussetzungen sind die soziale Legitimation und die Institutionalisierung des Konfliktes.
- Die Auflösung des Spannungsfeldes von Haltung und Bewertung könnte zur Folge haben, dass Konflikte aufgrund tradierter Handlungsmuster und vorhandener Strukturen bearbeitet werden. Voraussetzung dafür ist die Wahrnehmung und die Benennung des Konfliktes.

Unter diesen Prämissen sind soziale Organisationen nicht mehr

> jene starren, unveränderbaren Gebilde, an denen sich die Kreativität der Subjektivität totläuft, sondern wandlungsfähige und in der Tat sich wandelnde Gebilde, auch wenn dieser Wandel in der Regel ein schleichender ist, der von den Zeitgenossen nicht immer als solcher wahrgenommen wird. So können neue Ideen und Werte bestehende Mentalitäten und institutionelle Ordnungen herausfordern [...] (Gebhard, Winfried 1992, S. 352).

Bezieht man diese Überlegungen auf die Veränderbarkeit von Unternehmen, dann sollte eine solche Kultur im Umgang mit Konflikten nur nicht an der scheinbaren Alltäglichkeit von Konflikten ansetzen. Letztere verlaufen routinemäßig auf der Grundlage eines individuellen, ganz und gar unbewussten Gewohnheitswissens. Sie sind nicht wahrnehmbar und bieten damit keine Möglichkeit, Handlungsstrukturen nachhaltig zu verändern. Für Mitglieder von Organisationen sind diese Konflikte nicht von Bedeutung. Durch die theoretische Diskussion wird deutlich, dass Konflikte und Belastungen von allen Akteuren erst dann ins Wort gebracht werden, wenn die Konflikte schwierig werden, wenn sie belasten und eine alltägliche Lösung nicht mehr möglich scheint und erst durch diesen Umstand explizit bedeutsam werden.

Die Grundlage, Konflikte konstruktiv für das Unternehmen zu nutzen, sind die von den Akteuren als schwierig und nicht-lösbar beschriebenen. Diese sind die Anknüpfungspunkte für eine, konstruktive Konfliktkultur, besonders bei den strukturellen Themen. Insbesondere in den strukturellen Themen. Die Arbeit an der Konfliktfähigkeit Einzelner und der Institutionalisierung tragfähiger Strukturen im Umgang mit Konflikten könnte einen Beitrag leisten, anstehende Veränderungsprozesse positiv für die Organisation zu gestalten. Dann

> erscheinen Institutionen nicht mehr nur einseitig als die objektiven Gebilde, die den Menschen durch ihre überlegene Kraft von seiner permanenten Handlungsunsicherheit entlasten und ihn in vorgegebene und vorgeformte Bahnen des Handelns zwingen, sondern im gleichen Maße als Agenturen der Freiheit, die durch Bereitstellung von Orientierungskriterien und Maßstäben des Urteils erst alternative Handlungsmöglichkeiten eröffnen (Gebhard, Winfried 1992, S. 41).

Fazit: Bedingungen für die Wandelbarkeit von Unternehmen

5

Unternehmensentwicklung steht auf der einen Seite für den expliziten Veränderungswillen des Managements, der auf der anderen Seite auf ein gewisses Beharrungsvermögen von Mitarbeiter*innen trifft. Auf der einen Seite steht die Notwendigkeit, etwas verändern zu wollen und auf der anderen Seite der Wunsch nach Sicherheit, die Mitarbeiter*innen in ihrem Handeln beharrlich, in ihrer Alltagsroutine verbleibend, wirken lassen.

Innerhalb des Projektes hat sich keine Situation ergeben, die dazu gedrängt hätte, Konfliktfähigkeit in einem besonderen Maße neu zu erwerben, auch nicht für die Führungskräfte. Am Ende lässt sich sagen, dass dem Projekt im Sinn des definierten Mentalitätsbegriffes, der besagt, dass Werte erst im konkreten Handeln umgesetzt und wirksam werden können, der Schritt fehlt vom Wissen um die Werte hin zum Handeln nach den Werten. Entsprechende Arbeitsabläufe und Handlungsmaxime konnten nicht im gewünschten Maße institutionalisiert werden, weil eben die Handlungsnotwendigkeit, die Einsicht und auch ein gewisser (emotionaler) Druck, einen neuen Umgang mit Konflikten zu erlernen, nicht vorhanden waren.

Aus diesen Erkenntnissen lassen sich drei Faktoren dafür ableiten, welche Eckpunkte die Unternehmensentwicklung gebraucht hätte, um auf Dauer eine nachhaltige Veränderung zu erzielen. Festgehalten werden kann:

- Themen und Veränderungsideen, die die Organisationskultur betreffen, können nicht ausschließlich über Schulungen von Führungskräften oder Multiplikator*innen gelingen, da sie auf dieser Grundlage die Organisation nicht durchdringen und nicht in deren Denk-, Urteils- und Handlungsstrukturen institutionalisiert werden – sich also nicht zu einer veränderten Mentalität verdichten können. Institutionalisierung bedeutet an dieser Stelle, dass

K. Bieler, *Konfliktkultur (weiter-)entwickeln*, essentials, https://doi.org/10.1007/978-3-658-32700-2_5

den Mitarbeiter*innen gleichwertiges und gleichartiges Wissen zur Verfügung gestellt werden muss, wenngleich auch Verantwortliche benannt werden müssen, damit es „*Kulturträger*" gibt, die das System stützen.

- Auch wenn Expert*innen damit beauftragt sind, eine Idee und entsprechendes Wissen in einer Einrichtung zu implementieren, braucht es die Verantwortlichkeit der Leitungskräfte vor Ort und auch den Willen, die Veränderung nachhaltig umzusetzen und die Strukturen so zu öffnen, dass sich neue Werte in veränderten Mentalitäten institutionalisieren lassen. Dabei brauchen Führungskräfte die Begleitung, das neue Wissen anzuwenden und die Anwendung einzuüben, damit es impliziert werden kann.

- Die daraus folgenden Handlungsoptionen müssen für alle verbindlich und klar geregelt und entsprechende Sicherheit im Umgang mit als schwierig und destruktiv wahrgenommenen Konflikten vermittelt werden. Dazu braucht es das Erleben, das diese destruktiv anmutenden Konflikte konstruktiv gelöst werden können.

Handlungsnotwendigkeit, Handlungseinsicht und Handlungswissen sind strukturierende Elemente der Organisation und können auch deren bewusst gesteuerter Restrukturierung dienen. Sie sind Bedingungsfaktoren, die für die Wandelbarkeit von Organisationen stehen können, die es auch in künftigen und ähnlich angelegten Projekten der Organisationsentwicklung zu berücksichtigen gilt.

So ergibt sich folgende Schlussfolgerung über die Möglichkeit der Unternehmensentwicklung und die Wandelbarkeit der Unternehmenskultur, wobei es unerheblich ist, ob es sich um den Umgang mit Konflikten, die Art der Kommunikation oder die Weltanschauung handelt: Nur in Situationen unbedingter und unmittelbarer Handlungsnotwendigkeit und vor allem bei Handlungseinsicht aller Akteure und deren Befähigung, das notwendige Wissen als Grundlage des Handelns zu erwerben und auch einzusetzen, kann Veränderung der Unternehmenskultur nachhaltig gelingen Abb. 5.1.

Und am Anfang steht der Wandel

Abb. 5.1 Am Anfang steht der Wandel. (Eigene Darstellung)

Was Sie aus diesem *essential* mitnehmen können

- Konkrete Fragen für die Entwicklung einer konstruktiven Konfliktkultur im eigenen Unternehmen.
- Das Wissen um die Bedingungen für einen gelingenden Change-Prozess, nämlich: Handlungsnotwendigkeit, Handlungseinsicht und Handlungswissen.
- Den Mut, Konflikte zuzulassen und sie als kreatives Potential zu nutzen.
- Die Erkenntnis darüber, dass eine nachhaltige Veränderung nur gelingen kann, wenn die konkret tätigen Menschen, sowohl Führende als auch Mitarbeiter*innen in einem Unternehmen, den Prozess Schritt für Schritt mitgestalten und diesen auch reflektieren.

Literatur

Abels, Heinz (2009a): *Einführung in die Soziologie*. Band 1: Der Blick in die Gesellschaft, 4. Auflage, Wiesbaden: VS Verlag.
Bauer, Joachim (2006). *Warum ich fühle, was du fühlst. Intuitive Kommunikation und das Geheimnis der Spiegelneuronen.* 21. Auflage, München: Heyne.
Berger, Peter L. & Luckmann, Thomas (2004): *Die gesellschaftliche Konstruktion der Wirklichkeit*, 20. Auflage, Frankfurt am Main: S. Fischer Verlag.
Bieler, Kathrin (2017). *Organisationsentwicklung zwischen Veränderungswillen und Beharrungsvermögen.* Evaluation einer Maßnahme zur Implementierung einer Konstruktiven Konfliktkultur in einer stationären Altenhilfeeinrichtung. Diss. Univ. Koblenz-Landau, Campus Koblenz 2017. urn:nbn:de:kola-14660
Coser, Lewis A. (2009). *Theorie sozialer Konflikte.* Neuauflage. Wiesbaden: VS Verlag.
Deutsch, Morton (1976). *Konfliktregelung.* Konstruktive und destruktive Prozesse. München: Ernst Reinhardt Verlag.
Glasl, Friedrich (2004). *Konfliktmanagement.* Ein Handbuch für Führungskräfte, Beraterinnen und Berater, 8., aktualisierte und ergänzte Auflage, Stuttgart: Haupt Verlag.
Glasl, Friedrich (2006). *Konfliktfähigkeit statt Streitlust!* Die Chance, zu sich selbst und zueinander zu finden, 2. Auflage, Dornbach: Verlag am Goetheanum.
Glasl, Friedrich (2008). *Selbsthilfe in Konflikten.* Konzepte. Übungen. Praktische Methoden, 5., überarbeitete Auflage, Stuttgart: Haupt Verlag.
Gebhardt, Winfried (1992). *Individualisierung, Pluralisierung und Institutioneller Wandel.* Für eine „kritische" Theorie der Institution. In: Böckenförde Ernst- Wolfgang et. (Hrsg.): Der Staat. Zeitschrift für Staatslehre, Öffentliches Recht und Verfassungsgeschichte. 31. Band, Heft 3/1992, Berlin, S. 347–365
Gebhardt, Winfried (1994). *Idee, Mentalität, Institution. Kultursoziologische Anmerkungen zu einer Theorie institutionellen Wandels.* In: Sociologia Internationalis. Internationale Zeitschrift für Soziologie, Kommunikations- und Kulturforschung 31/1993, Berlin, S. 41–61
Gebhardt, Winfried/Kamphausen, Georg (1994). *Zwei Dörfer in Deutschland. Mentalitätsunterschiede nach der Wiedervereinigung.* Opladen: Leske+Budrich.
Heigl, Norbert J. (2014). *Konflikte verstehen und steuern,* Wiesbaden: Springer VS.

Keller, Katrin (2018): *Nachhaltige Personal- und Organisationsentwicklung*, Wiesbaden: Springer Gabler.

Klemm Matthias/Liebold, Renate (2017). *Qualitative Interviews in der Organisationsforschung*. In Liebig S, Matiaske W, Rosenbohm S. (Hrg.), *Handbuch Empirische Organisationsforschung. Springer Reference Wirtschaft*. (pp. 299–324). Wiesbaden: Springer Gabler.

Knoblauch, Hubert (2005): *Wissenssoziologie*, Konstanz: UVK.

Kreyberg, Jutta (2004). *Handbuch Konflikt-Management*. Konfliktdiagnose, -definition und –analyse; Konfliktebenen, Konflikt- und Führungsstile; Interventions- und Lösungsstrategien, Beherrschung der Folgen, 2. Auflage, Berlin: Cornelsen.

Kruse, Andreas (1992). *Konflikt- und Belastungssituationen in stationären Einrichtungen der Altenhilfe und Möglichkeiten ihrer Bewältigung*. In: Schriftenreihe des Bundesministeriums für Familien und Senioren, Band 2, Stuttgart: Kohlhammer.

Schäfer-Walkman, Susanne (2009). *Stress in der Pflegearbeit: anregend und aufregend?* Vom Umgang mit der eigenen Gesundheit in einem belastenden Beruf. Demenz weiterdenken. Fachtagung am 14.11.2009, Augsburg

Schiersmann, Christiane/Thiel, Heinz-Ulrich (2010). *Organisationsentwicklung. Prinzipien und Strategien von Veränderungsprozessen*, 2., durchgesehene Auflage, Wiesbaden: Springer VS.

Schütz, Alfred/Luckmann, Thomas (2003): Struktur der Lebenswelt, 2. Auflage, Konstanz: UVK.

Sellin, Volker (1985): *Mentalität und Mentalitätsgeschichte*. In: Historische Zeitschrift, Band 241, Heft 3, München, S. 555–598

Simon, Fritz B. (2012). *Einführung in die Systemtheorie des Konflikts*. 2. Auflage, Heidelberg: Carl Auer.

Willke, Helmut (2011). *Einführung in das systemische Wissensmanagement*. 3., überarbeitete u. erweiterte Auflage, Heidelberg: Carl Auer.